66일 공부머리 대화법

66天学习头脑对话法

[韩]金钟元 著 高银玲 译

中国妇女出版社

著作权合同登记号 图字：01-2025-1198

图书在版编目（CIP）数据

66天学习头脑对话法 /（韩）金钟元著 ；高银玲译.
北京 ：中国妇女出版社，2025. 5. -- ISBN 978-7-5127-2466-2

Ⅰ. G791；G78

中国国家版本馆CIP数据核字第2025EN3952号

责任编辑：张凌云
特约审定：刘纳新
封面设计：介末设计
责任印制：李志国

出版发行：中国妇女出版社
地　　址：北京市东城区史家胡同甲24号 邮政编码：100010
电　　话：（010）65133160（发行部） 65133161（邮购）
网　　址：www.womenbooks.cn
邮　　箱：zgfncbs@womenbooks.cn
法律顾问：北京市道可特律师事务所
经　　销：各地新华书店
印　　刷：小森印刷（北京）有限公司

开　　本：165mm×235mm 1/16
印　　张：14.25
字　　数：140千字
版　　次：2025年5月第1版 2025年5月第1次印刷
定　　价：59.80元

前　言

父母的语言决定了孩子不同层次的学习深度

普通人想要取得令人瞩目的成就，必须有学习头脑。但这个学习头脑不是指单纯的学习好，而是指坚持不懈的努力和在任何事情上都深挖的能力，以及能自我判断、思考自己能做什么的能力。是的，这就是更高层次的“学习深度”。

我研究了很多人生轨迹后，发现学习头脑都源于其父母的语言。重要的是，那些著名哲学家、科学家，他们成长、成才的底蕴里始终都有父母的语言。他们还通过父母的语言来培养自己的学习头脑，并渐臻完善。我们通常所熟知的那些拥有学习头脑人士的父母都会给他们的孩子反复说下面这 6 种语言。

①培养孩子懂得自我学习、自我领悟的语言。

②激发孩子的求知欲，让孩子感受到学习乐趣的语言。

③提升孩子注意力和记忆力的语言。

④培养孩子时间管理能力和学习习惯的语言。

⑤培养孩子思考能力和理解能力的语言。

⑥把孩子培养成活到老学到老的人的语言。

而这 6 种语言与《66 天学习头脑对话法》的目录是一致的。换句话说，本书将帮助各位家长培养孩子的学习头脑。而且，仅需 66 天。

如果各位家长能将本书多阅读、多抄写几遍，也可以轻松地成为能对孩子说出金玉良言的智慧父母。前提是，心里要始终坚定不移地确信孩子能做出正确的判断。

“我比任何人都清楚你会做出正确的选择。”

“如果出现了问题，就用你所想到的最佳方式去解决。”

坐在教室书桌前的所有孩子都可以分为两类。

①只学习的孩子。

②会学习的孩子。

虽然在同一空间学习了同样的知识，但有的孩子就是会举一反三。“会学习的孩子”拥有的力量是非常强大的。因为对学习的热情会让他们不断地成长，但这不是与生俱来的能力。换句话说，所有孩子都可以具有那样的能力。他们需要的只是能让他们拥有学习头脑的父母的语言。

我通过“66天对话法系列”一直在强调，大家也可以创造那样的奇迹。现在就开始吧，只需66天就够了！

目 录

第一章

11 天对话，养育自我学习和自我领悟的孩子

第二章

11 天对话，激发求知欲，感受学习乐趣

第三章

11天对话，提高注意力和记忆力

第四章

★ 11天对话，培养时间管理能力和学习习惯 ★

第五章

11天对话，培养思考能力和理解能力

第六章

11天对话，把孩子培养成活到老学到老的人

第一章

11 天对话，养育自我学习和自我领悟的孩子

第一天

为什么要给孩子讲“先停下来思考的方法”

当我们看到有人整天东奔西跑，或是不停地在忙，通常会说这个人过得很充实。但这一现象在教育方面并不完全是好事。懂得停下来长久地观察一样东西，并从中找出只属于自己的思考结果，这一过程才是学习的本质。我想告诉大家的就是这一点。

在一个空间长久驻足的孩子，不是在无所事事地发呆，反而是那些成天乱跑的孩子才没什么想法。长久地驻足、停留在同一空间的孩子，可以说是发现了停下来的价值，并正在自主地学习并领悟着。

如果父母时不时地用恰如其分的语言让孩子时常停下来，孩子就可以自然而然地在日常生活中培养自主思考的力量。就算没有人特意教他，他也能把这个世界教会他的道理记在心中并加以运用。

父母不是教孩子的人，而是告诉他们停下来思考的时间能产生哪些价值、引导他们自主学习的人。暂时停止来思考，肯定是有大价值的。父母能传给孩子的只有自己拥有的东西。对于他们闻所未闻和未曾拥有的东西，他们自然无从了解，更别提传给孩子。这也是父母要懂得“先停下来思考的价值”的理由。

下面这句话我一定要说。如果说人文学的尽头是跟自己珍视的人好好说话，那么教育的尽头就是自我启发。为了孩子，父母要变成更大格局的人。但比这更重要的是，就算是为了自己的人生，父母也要不断学习、不断成长。现在就让我来告诉大家开启这种人生的话语。

下面的话，父母要适时适宜地讲给孩子听，并告诉孩子“我们为什么要先停下来思考，在那里又会有什么发现”。

“这里还有什么东西？”

“那个机器的运作原理是什么？”

“人们为什么喜欢这首歌？”

“为什么这部剧里只有那个演员深受观众的喜爱？”

“今天的阳光与昨天的阳光有何不同？”

“如果不吃饭也能活着，世界将是什么样子？”

“为什么一有高兴的事情，就不自觉地想笑？”

“父母为什么爱孩子？”

“网上英语翻译软件很便捷，为什么还要学英语？”

“为什么同样的话，不同的人听着会有不同的感受？”

“优雅的语言和不优雅的语言有何不同？”

“今天最难忘的瞬间是什么时候？”

学习，不是从“不知”到“知”的过程，而是要自己先领悟到“不知”这一事实。有些东西虽然已经存在于我们的周边，但因为我们不知其价值而没能发现。学习，可以给予我们希望和勇气，让我们可以驻足在日常的各个角落，去思考、去发现那些东西。如果认为教育孩子只是单纯地教他，日常生活将变得枯燥无比，孩子也将沦为只知道学习的机器。搞错了教育的方向，那么即便再努力，其尽头也只有绝望和痛苦。

如果大家通过我上面的介绍已经对学习有所领悟，那么请以这个领悟为基础，找到新的方向。然后，通过亲子对话，与孩子共同进步。

第二天

当孩子的大脑发育时，父母应该告诉他们的几句话

孩子的大脑大多在出生后才开始发育。简单来说，新生儿的大脑还是未完成状态，出生后所遇到的环境会对孩子大脑的发育产生重要影响，其中起主要作用的是父母的语言。在孩子的大脑迅速成长、发育的时期，父母的语言对大脑开发起到非常重要的作用。虽然孩子现在听不懂，但他也会把从父母那里听到这些话语时的感觉原封不动地留存在脑海里。

我来介绍在孩子的大脑飞速发育时期适合讲给孩子听的12句话。在此之前，我先说一下大家要知道的亲子沟通的3个要点，请各位家长一并记住。

①带着最温暖的心说出来。

②用短句说出来。

③讲给孩子时也记在自己的心上。

“我们永远爱你。”

“真的谢谢你来到我身边。”

“你对我来说就是幸福本身。”

“不管什么时候听你的名字都觉得很好听。”

“爱会让人变强大。”

“今天也像昨天一样愉快玩耍吧。”

“与你相视而笑时，整个世界都会明亮起来。”

“你无所不能。”

“喜欢原原本本的你。”

“今天会有什么消息传来呢？”

“你的潜力在你的体内。”

“对你只说优美的话。”

父母的语言会通过孩子的耳朵移动到大脑。看似没有在听，但它会一直留存在大脑中，在孩子理解、学习世界的过程中成为重要的基础。将来孩子面对众多选择时，它将成为集思广益、凝聚智慧的材料；它也会化作智慧的碎片，照亮孩子的人生。

孩子在说话之前，会先学“语言”。告诉大家一个非常重要的点——孩子现在不是不会说话，而是在做说话的准备。这样一想，就能瞬间改变看待孩子的眼光。也就是说，此刻从父母口中听到的每一句话将决定以后从孩子嘴里说出来的语言的水平和方向。因此，在孩子大脑发育的最重要时期，请给孩子说优美、动听的话语。父母讲给孩子听的话语是孩子在说话之前遇到的第一个语言的世界。

对把学过的东西说错的孩子说些好话

当孩子悟到或学到某个新的知识时，孩子会最先跑到父母跟前，满怀欣喜地告诉父母。比如像这样：

“妈妈，妈妈，你快来猜一下，‘今臣战船，尚有十三’这句话是谁说的？”

没错，孩子肯定是从哪儿听说了李舜臣[①]将军的故事。但是不是感觉哪儿不对劲儿？是的，大家想得没错。孩子了解到的知识总是有点儿错误。这时父母的反应非常关键：

“啥呀，不是13艘，是12艘才对！”

当父母指出错误时，孩子也会不服输地顶嘴：

“不是，就是13艘！要打赌吗？”

① 李舜臣，朝鲜人，军事家。

最终，父母也像运动选手争胜负一样跟孩子争对错：

“什么？你等着看吧！我一定会证明你的话是错的。”

我们再重新捋一下这件事情。孩子为什么来找你？没错，是为了跟父母愉快地分享刚刚学到的知识。孩子问的是：

“‘今臣战船，尚有十三’这句话是谁说的？”

孩子想要的不是正确的事实，而是共鸣和沟通。孩子问的是“是谁”，而非“是不是13艘”。准确地掌握孩子内心的想法才是重要的。孩子是想跟父母分享刚刚了解到的事实。学习正确的事实虽然也很重要，但还有一个比这更重要的事实。

“有些知识孩子大了自然就会知道。不要为了给孩子灌输这些不重要的知识，而抹去那无论过多长时间，也无法再拥有的小小的喜悦。”

世界上有太多重要的东西，因此我们会定下优先顺序。如果更重要的事情被那些没那么重要的东西顶替后，就没有比这更让人惋惜的事情了。所以不要老想着跟孩子竞争或争胜负。孩子，是你要与之分享最好东西的人，而不是你无论如何都要打赢的人。毕竟跟孩子度过的日常不是战斗。而且，你完全可以先回答他想要的答案“李舜臣将军”之后，再跟他说“12艘”这一事实。共鸣之后再传达事实很容易，但传达事实之后再共鸣就难了。

准确地告知事实也需要特别的语言。最好是使用“参与的语言”，而不是“强制的语言”。“什么呀，不是13艘，是12艘才对！”这种语言就是强制灌输知识的表达。如果改变说话方式，对孩子进行提问，就能很轻易地使用“参与的语言”。

“啊，真的吗？那我们一起来查查是不是用‘13艘’战船战胜敌人的，好吗？”

先不要告诉孩子他说的内容有误，而是提议一起详细查阅有关资料，让孩子在此过程中自我改正，这样会更好一点。孩子自行认识到自己了解到的事实有误，并加以改正，这是父母能给孩子的最宝贵的教育。按排名判断一个孩子，这事儿在学校或是补习班里每天都在上演，所以完全没必要在家里也这样做。这个世界对我们的孩子没有太大的关心。只有父母才会为了孩子多等一会儿，为了孩子有个更好的学习过程，进行更多的思考。请不要错过那宝贵的价值。

第四天

3岁以后让孩子越来越聪明的父母的7句话

3 岁以后，孩子就没有以前那么听话了。但这不是坏现象，而是孩子有了自己的明确想法的证明。因此从这一时期开始，父母的语言要更加不同，更加有智慧。因为这是孩子有属于自己的想法并开始主张这一想法的时期，所以这一阶段父母的语言可以使孩子的所有才能得到大幅提升。当然也有相反的情况。下面来介绍可以让孩子成长为聪明孩子的 7 句话。请大家仔细阅读并加以运用。

1.做得好。

如果父母说“做得好”，孩子真的会做得很好。“做得好”这句话可以说是“奇迹之语”，它可以让孩子把自己拥有的所有才能尽情发挥出来。经常说下面的话，孩子就能兴奋地尽情发挥自己的才能。

“真的做得好。”

“哇，那个也做得很好啊！”

“你看，果然做得很好。”

2.很期待。

如果父母说“很期待”，孩子就会主动期待自己的明天。期待是通往成长的关口。只有对自己的潜力有所期待，孩子才能感受到行动的价值。通过“很期待”这句话，让孩子认识到主动思考、行动的价值吧。

“当你开始做一件事时，我总是会充满期待。”

“永远期待你的明天。”

“期待那件事的未来。”

3.与众不同。

当父母说“与众不同”时，孩子会思考自己与别人有何不同，从而发展自己的个性和魅力。孩子不是在无比艰苦的竞争中拼死拼活争第一，而是在只有自己的跑道上成为一直闪耀的独一无二的存在。

“你做的话，永远与众不同！”

“明明是同样的积木，你搭的积木就与众不同。”

“可能因为是你做的，所以感觉很特别。”

4.理由是什么？

当父母问“理由是什么”时，孩子就会深入地进行思考。每天都会深入挖掘要研究的对象，直达核心。在此过程中，创造力和观察力同时得到提升，因为孩子每天都在做某件事情，所以还能培养眼光和责任心。

“为什么轮子会转？”

“这个玩具为什么会动？”

“这种食物为什么辣？”

5.这里有什么？

当父母问“这里有什么”时，孩子就会观察周边，开始思想的探险。这句话还有利于孩子的学习。因为这句话可以把孩子培养成为在同一空间也有不同发现的人。也就是说，他能学会举一反三。

“这本书中讲述了什么故事？”

“这风景中有什么？”

“这面包里面是什么馅儿？”

6.你能做到。

当父母说“你能做到”时，孩子会成长为“将不可能变成可能”的人。孩子会在自己人生的词典中抹去“不可能”，为了把不可能变成可能而想尽办法。

“如果找到更好的办法，你也能搬动更沉的行李。”

“你也能把水倒在玻璃杯中安全地饮用。”

7.如果是你会怎么做？

当父母问孩子“如果是你会怎么做”时，孩子就会养成在所有情况下都把自己代入事件的中心进行思考的习惯。这会带来非常惊人的结果。在很多状况和事件的中心向外看，自然而然能培养出高水平的眼光。

“如果你是本书的作者，你会怎么书写下面的故事？”

“如果你是那部电视剧的主人公，你认为下面的台词是什么？”

语言即选择，因为语言可以挑选着用。父母的话语也是告诉孩子自己是什么样的人的证据。概括成一句话就是：“父母为了孩子的成长要谨慎地选择词语。”

从某方面想，你可能会觉得这有点儿可怕，但真正用好了，语言就会成为好的道具。不要忘了下面 7 句话，然后像我上面说的那样加以应用，经常说给孩子听。

“做得好。”

“很期待。”

“与众不同。”

“理由是什么？”

“这里有什么？”

“你能做到。”

“如果是你会怎么做？”

第五天

不要对玩耍的孩子这样说

在孩子的成长过程中最重要的是“玩耍”。玩得好的孩子不仅能在学习上崭露头角，还能拥有强大的内心和充满自信的态度。但万事没有绝对，不是所有会玩的孩子都有出息。它需要一个条件。玩耍时从父母口中常听到 4 种话的孩子是没办法把玩耍时间用于成长的燃料的。其理由是，孩子没能拥有自己命令自己、自己下定决心、自己改正方向、自己教育自己的机会。因为孩子玩耍的时候父母已经对他做过这些行为，所以孩子自己做的机会就被剥夺了。

当父母带着各种担心和指责的目光，朝着自娱自乐地作画的孩子靠近时，不幸就开始显现出来。这时可能发生的状况和对话大致分为以下 4 种。我还附上了在那种情境之下适合讲给孩子的话，希望家长仔细阅读，并牢记在心上。

1.愤怒。

“我是不是说了画画时一定要穿上围裙。”

“你看看都掉地上了！不骂你真不行。”

父母生气的心情当然可以理解，但同样的内容如果换个说法就能消除愤怒。

“穿上围裙就不会弄脏衣服了。”

“如果不想让颜料洒在地上，该怎么做呢？”

2.训诫。

“你画得不对。看看这个比例！”

“老虎的腿太短了。”

“你不知道鱿鱼有几条腿吗？你去查查之后再画吧。”

画出正确的事实固然很重要，但比这更重要的是，孩子画出自己心中所想的过程。如果每个人都照着实物作画，那么在那样的画上是发现不了价值的。想一想更重要的是什么，想训诫的心就暂时收起来吧。

请对孩子这样说：

“看来你画的不是你学到的，而是你心中所想的。很有趣也很帅气！”

“画出事实虽然很棒，但画出心中所想也很有价值。”

3.命令。

“这里是不是应该用更暗一点儿的颜色？”

“你快点儿画吧。这么磨叽，什么时候写作业啊？”

听到这种话的孩子会有什么想法？大致应该是这样吧：“这是我的画，如果再指手画脚的话，你们自己画吧。”

这时父母应该说：

“画得很认真、很专注啊。现在就有点儿期待你完成后的作品了。”

“这个颜色为什么要用在这里？很好奇你的想法。”

4.批判。

“怎么想都觉得你不是画画的料。”

“你怎么把人画得这么丑啊？”

世上就没有没画好的画。那只是评价的语言产生的错误想法而已。只有用以下这种方式说话，孩子才能更加愉快地享受自己的玩耍时间。

“你把人画得很特别。这是独属于你的方式吗？”

“你画画时很享受，看起来比任何时候都幸福。”

这些话大家可能已经对孩子说过。有的家长可能会无奈地表示，尝试过了，可没用啊。我当然理解大家的苦衷。但好的语言不容易行得通，也绝不代表就可以使用不好的语言。本来就是“学好千日不足，学歹一日有余”。请跟孩子好好说话，让孩子的玩耍时间像阳光一样闪耀吧。这样他们的身心才能茁壮成长。

第六天

成为自我主导型孩子的父母的语言

不用催促也主动学习的孩子，快乐学习的同时实现自我成长的孩子，这些孩子是听着父母的哪些话成长的呢？这节内容简明扼要，通篇适合孩子和父母一起朗读并抄写。只有自己主动学的知识才能牢记心中，也只有这种知识才会对孩子以后的人生产生助益。

"学习不一定要单独抽出时间。一天 24 小时我们都在学着什么。正如妈妈现在跟你说话的同时也是有所收获的。"

"学问不是别人能给的。求知之路是求仁得仁。心有所求，才有所得，并能化为己用。"

"'要不要学呢？'这句话常常让我们止步不前，因为总感觉是被人逼着学的。但其实我们24小时都处于学习的过程，并时时在进步。这样一想就不一样了。"

"学校进行的考试也是一样，考试不是为了拿到高分。如果只想着拿高分的话会局促不安，但如果换个角度想就会变得很淡定、很坦然。因为考试是检验这期间自己学到的知识达到什么水平的时机，还可以知道'有没有需要更深入学习的部分'。"

"高分不是想拿就能拿的。一味追求成绩只会让原本充满自信的人一直紧张不安。如果想着考试只是为了检验自己所学到的知识到底处于什么水平，那么在任何考试中都能发挥自己真正的实力，突破局限，实现成长。"

第七天

“这都是为了你好”这句话对孩子产生的消极影响

父母对孩子的爱是无止境的。为了给孩子提供自己小时候没能享受到的，父母会奋斗终身。家境不富裕也要让孩子上各种兴趣班学各种各样的东西，带孩子去那些名胜古迹长见识，期待他们成为优秀的人。

有时孩子也觉得太夸张，会问“为什么非要做到这个地步”。每当这时，父母就像约好了似的异口同声地说：“这都是为了你好。”

这是事实不假。父母自己省吃俭用，节衣缩食，所做的事情都是为了孩子而做出的选择。但重要的是，接受这一切的孩子却不这么想。痛苦和悲伤也是从这儿开始的。

“我为什么要做这个？”

“这个我真的不想做。没有一件事是随心所欲的！”

久而久之，就会演变成：

“真的好讨厌妈妈！”

“爸爸消失不见就好了！”

这种最坏的情况真的会在现实中上演。事实上，无数家庭因为这样的问题而苦恼。就算孩子没有说出口，但只要看他们的眼睛就不难发现他们一直处于愤怒状态。

这到底是为什么？因为父母的“这都是为了你好”这句话在孩子的耳中听来是这样的：

“我们经历过更多，所以很了解！”

“我们比你活得久，所以很了解！”

“我们比你学得多，所以很了解！”

“所以你就闭嘴，安静听我们说就可以！”

父母逼着孩子做的那么多事情到底是为了谁呢？让孩子不幸的最有效的方法就是“让他们无法自主思考”。仗着自己是父母，只认为自己对，只主张自己的想法，这种行为在孩子看来就是暴力。

“我来动脑子，你听我的话就行了。”

如果想在和孩子的日常生活中消除纷争，营造和谐氛围，就用下面这些话来代替“这都是为了你好”这句话。孩子听着舒坦，父母自己说着也很愉悦，而且经常说给孩子听，对双方都有好处。

“你对妈妈的意见有什么看法？”

“想要做出明智的选择，要怎么做呢？”

“你对这个问题怎么想？”

“我们能做的最好的选择是什么？”

“爸爸是这么想的，你呢？”

“对你来说，现在更重要的事情是什么？”

父母的“这都是为了你好”这句话当然是出于好心。大家都知道这一点，但正如前面所说，对孩子来说，这句话听起来可能就不一样。重要的就是这一点。父母“嘴里说出的话”和“到达孩子耳朵里的话”可能会有所不同。重要的是，怎样让父母的话正确地到达孩子的耳朵里。因此，父母想表达自己的想法时一定要挑选最合适的语言。大家可以通过上面介绍的短句，清清楚楚地表达自己的想法。

第八天

对 7 ~ 12 岁孩子来说，“为什么要学”很重要

7 ~ 12 岁是大脑中主管数学、语言等学习部分的脑细胞最活跃的发展时期。但对这一时期有深入了解，或是能清楚地告诉孩子这段时间需要做些什么的人凤毛麟角。

学习关于数学、科学的知识，阅读相关书籍，固然也很重要。但是通过这一过程，我们真的得到了自己想要的吗？应该鲜少有人能做出肯定的回答。重要的不是学习本身，而是领悟学习的本质，即为什么要学，自己的兴趣在哪儿。请在日常生活中常对孩子说这些话：

“当你有事要做的时候，不要想着‘一定要做’，而是想着‘想做’。这样一想，心态会大不同。”

“不要因为答案错了而感到过于失望。无数的错误答案聚集在一起，才能遇见正确答案。”

“如果你认为自己做得很好，你的一切努力都是发光的。”

“当你遇到更大的烦恼，昨天还困扰你的烦恼就变得不值一提。所以，只要集中精力度过今天就行了。”

“没有人是被巨山绊倒的。绊倒我们的都是小石头。每天熬过一点痛苦的时间，很快就会发现你已经登上顶峰。”

“勇气不是靠大声呼喊获得的。它是只有坚持不懈地努力的人才能拥有的宝石。”

“不要想着自己解决所有问题，有时候也要学会求助。因为一个人不能做所有的事情。”

“犹豫不决只会加深恐惧。一旦开始，就会看到方法。”

“当你对自己坚信不疑时，我们就能得偿所愿。”

“要时刻给自己说好听的话。当你对自己说好听的话时，我们会度过与昨天截然不同的一天。”

“如果你每天都能找到身边人的优点，那你的周围将充满希望。”

“你打算用什么来充实你的一天？”

“真的想放弃时，再给自己一次机会。你将成为更优秀的你。”

7 ~ 12 岁是明确学习目标的时期。如果父母每天都能给孩子讲一句可以激发他的话，孩子的一天将变得不同。不要因为难说出口，或是因为词句陌生而犹豫，要相信孩子的能力，经常讲给他听。只要是孩子的成长所需的东西，不管它是什么，父母都应当在最重要的时期，适当地、密集地予以供应。请不要错过可以决定孩子学习态度的黄金时间。

第九天

第一次送孩子去兴趣班前，父母必须说的话

如果孩子心不甘情不愿地开始去兴趣班，其结果很有可能不尽如人意。

我不是说兴趣班不好。我只是要告诉大家如何更好地“利用”它。孩子不能适应兴趣班或是不能好好“利用”兴趣班的原因是什么呢？

①不是自主选择的。

②不知道要学什么。

③对自己目前的状态了解不足。

④缺乏自己尝试的经验。

出于这些理由，孩子就算上了特别有名的兴趣班，个人也不会有明显的进步。因此所有孩子在第一次上兴趣班之前，都需要先接受这样的提问：

“你要不要自己尝试一下？”

孩子一定要先接受父母这样的提问，才能确认自己的基本状况，换句话说，就是知道自己喜欢什么。

第十天

可以如实地告诉孩子家里的经济状况吗

孩子说想去昂贵的兴趣班，父母就算借钱也想送孩子去。但是在不知道孩子有没有天赋的情况下，也不能盲目举债，真是个难题。这时候可以先和孩子聊一聊，然后再花时间慢慢观察、认真考虑，这对双方都好。从一开始就要跟孩子如实地说，但要使用细心呵护孩子心灵的语言，这样孩子也能理解父母的心意。

“以我们家目前的经济状况，现在去那个兴趣班好像有点难度。我们先回家自己学学吧。如果你真的确定想去，到时再想办法。”

孩子对一件事的兴趣来得快，去得也快，因此花时间慢慢观察，也不失为一个智慧的方法。与其打肿脸充胖子，家境不好还无条件地满足孩子的要求，不如通过这些话向孩子说明家里的经济状况。趁此机会，还可以给孩子更多思考的时间。

对于孩子的所有要求，如果父母都满口答应，在当时可能会让亲子关系更和谐，但从长远的角度来说，对双方都是最糟糕的。

“只要你想做，不管什么事，都可以做！”

“当然了，这点儿要求爸爸还是能满足你的！”

“妈妈为了你有什么做不到的！”

这些话会让父母越来越累，而孩子对父母的期待反而会越来越高。

告诉孩子家里的经济状况并不是一件坏事，也不是对不起孩子的事情。另外，还可以告诉他，虽然家里并不富裕，但父母在外面多么认真工作，在家庭里又付出了多少努力，不要隐瞒，一五一十地都告诉他吧。

但父母不要用诸如此类的表达方式：

“都是为了供你上学。”

“想要报答我们，只要你有出息就行了。”

“我们就指着你一个人活着。”

“学习”和“报答”，还有其他只会给孩子增加负担的话最好都不要说，不然只会适得其反。父母可以这样说：

“看到你，就感觉浑身充满力量。”

“(爸妈）工作是为了一家人幸福地生活在一起。”

“让我们一起加油，给彼此带来快乐吧。”

像这样，经常对孩子说带有“我们”“一起”“快乐”“幸福”等字眼的句子吧。

世上有很多生长于相同的环境，却长成不一样的大人的事例。如实告诉孩子家里的经济状况，让孩子作为家里的一员，一起承担。有过这种经历的孩子会懂事地想：“以后我要更加努力学习，给父母送好多漂亮的礼物。”

反观那些不如实告知孩子家里的经济状况，父母单方面地一味付出的家庭，这些家庭的孩子不但不感恩，反而会想：“生活在这种家庭里还怎么实现我的梦想！别人家都过得那么富裕，为什么我的父母就是这个德行。”

孩子需要的不是完美的父母。有时如实地告知事实反而比较好。

第十一天

天才身上共同具备的 15 种生活态度

“天才只能靠培养，它是环境造就的结果。”

这是终身从事儿童认知发展理论研究的瑞士心理学家让·皮亚杰说过的话。当然也有天生的天才，但通过后天环境培养的后天型天才更多。如果父母向孩子介绍天才共同具备的 15 种特质和人生态度，那么谁都能达到天才的水平。

外表看起来很敏感，内心活动很细腻。

自我主张很强，所以会很确信地坚持己见。

发现信息的能力比其他孩子更强。

走路时会经常停下来，长久地陷入思考。

将周围的所见所闻迅速分类储存。

因为能看穿核心，所以构思很新颖。

对一个现象至少提出 3 个问题。

不追求读书数量，而是反复读同一本书。

虽然年纪小，但偶尔会说些让人吃惊的话。

无论在哪里，都是一副专心思考的表情。

碰到问题就想着怎么解决，所以不会轻易抱怨。

对周边发生的所有事情都很关注。

对同一个问题不停地反复思考。

无论到什么场所，都不会觉得无聊。

欢迎新事物，但也很重视旧事物。

有一个事实一定要记住：父母太领先于孩子会发生什么事情？孩子就会变得像父母一样。也就是说，多了一个跟父母一模一样的人。如此一来，孩子就失去了属于自己的颜色和模样，这是非常重要的事实。天才是指什么？是走自己的路的人。

想要把孩子培养成天才，父母不能跟他“争先”，而是要让他自己找到路。就算只前进一步，那也得是孩子自己选择的道路，只有这样，他走的每一步路才会发光。如果能用这种心态去对待孩子，相信他肯定能找到属于自己的路。

第二章

11 天对话，激发求知欲，感受学习乐趣

提高只爱玩的孩子学习积极性

“作业写完了吗就想玩？”

“天天就知道玩，是想怎样！”

“你知道别人家的孩子现在多么认真学习吗？”

这些都是大家小时候从父母嘴里听过的话，同时也是各位家长现在经常对孩子说的。让我们先停下来想一想，这些话真的能对孩子产生积极的影响吗？孩子一听，学习兴趣瞬间就没了。本来就不愿意学，但又不得不学的日子，每天都在持续。长此以往，孩子的厌学情绪会越来越严重。

其实，喜欢玩是孩子的本能。同样地，厌学也是本能。怎样让孩子克服厌学心理，变成主动学习的人？我们需要的是孩子“对一页（page）的渴求”。一本书是由一页一页的内容组成的，因此，所有的学习结果最终都是由这一页一页的内容决定的。孩子想着“尽可能多做一页题”，这种意志不仅决定了当天的学习结果，还决定了第二天的学习起点。不管孩子的才能或智商如何，只要有这种意志和热情，无论他做什么事情都会很快取得成就，不只学习，在所有领域都能崭露头角，存在感爆满。

因此，父母对待提高孩子学习积极性的问题要更加细心地处理。当父母的都是这样，想硬逼着孩子学吧，怕孩子会叛逆，更不学，但如果干脆放任不管，又怕孩子对学习永远不感兴趣，所以左右为难。因为孩子学习不好就不逼着他学，怕孩子成绩更下降，但让他学他也未必听话，做父母的真是心乱如麻，却只能干着急。

孩子沉迷于玩耍，远离学习，该怎么办？我来介绍可以提高孩子学习积极性的 6 种话。父母可以在日常生活中自然地讲给孩子听，或是和他一起朗读和抄写，留下深刻的印象。那么，一个月之后就能看到和以前截然不同的孩子。在做这些之前，心里一定要确信“我的孩子通过这些话肯定能重拾对学习的热情”。

“每天早上起床都要为宝贵的自己加油打气，每天入睡前，请原谅不足的自己。与其后悔没能做到，不如怀着‘还能做到’的希望活下去吧。”

“为了学习某种东西而激情奋斗的时间，如平静的江水一般美丽，而这些时间终将积聚成坚固而平和的空间，可战胜世界上的任何恐惧。”

“世上没有容易的事，但反复做的话会变得轻松一点。全心全意爱那件事，这样才能达到完美的状态。”

“偶尔迷一次路也挺好。在没有路的地方，把它当成路走下去，可能会遇到以前从未想到过的另一条路。”

“为了遇见真正的自己，我们应该学习独处。这就是学习的宝贵价值。被很多人称为天才的那些人，就很享受自己独处的时间。如果我们能够美美地享受独处的时间给我们带来的甜蜜，你会遇到不同于往日的你。”

“没有人可以不受伤地长大。所有的成长都会留下伤痕作为证明。如果你毫无难度地学到了什么，那等于什么也没学到。如果现在累得死去活来，恰恰证明我们现在学的是无比珍贵的东西。”

如果过惯了每天为了到达目的地而拼命奔跑的日子，那么，请尝试着减速，或悠闲地散步，你一定能发现新的事物。平心静气地观察周围，就会发现至今未能发现的宝贵东西就在身边。但父母也不用借着学习的由头，把这一体验强加给孩子。把体验机会还给他，让他自己用新的眼光看着熟悉的地方，去寻找新的事物。

请时刻记住：

“不管是什么，看得更久，

才能看得更深。”

第二天

唤醒“沉睡”孩子好奇心的7句话

想要实现某件事的决心、意志、热情等，这些能量就像肌肉一样，越使用越强大，越能发挥更大的力量。但是整天坐在电视机前看着画面，或是无所事事地呆坐着的孩子，他的大脑功能无法正常启动。不思考，大脑就不会动，就像装饰品一样处于闲置状态。

下面这些话不仅不能积极地刺激孩子的大脑，还会让思维的肌肉越来越弱。

“活着不都是这样吗。”

“都是为了混口饭吃。”

因为生活太苦太累，难免会蹦出几句埋怨话，但孩子会认真地吸收父母的所有语言。小时候经常听这样的话长大的人比别人更容易失去生活的欲望。这些人很有可能没法发现日常的小价值，从而度过毫无意义的人生。

怎样才能刺激孩子的大脑呢？经常给孩子讲可以激发他们的热情和意志的话吧，让他可以探索、观察周边。例如，改变说话方式。

“活着不都是这样吗。”

→“很期待今天又会发生什么事情！”

“都是为了混口饭吃。”

→“凡事都有意义和价值。”

怎么样？虽然只是小小的变化，但听起来感受完全不同，可以积极地刺激孩子的头脑。像这样，父母的某一句话可能会成为孩子一辈子忘不掉的经历。

最好是在日常生活中，也经常使用可以刺激孩子的想法和好奇心的表述。我来介绍一下具有代表性的7种话。建议父母反复朗读直到能脱口而出，在朗读的同时进行抄写就更好了。

“这里肯定也有特别的东西。”

“你的眼里看到了什么？”

“昨天的阳光和今天的阳光是不一样的。”

“妈妈也有个想法，要不要讲给你听？”

“要不要用你的方法再尝试一次？”

“不开始就永远没法知道。”

“不管是什么事，只要再想一遍，肯定有意外的发现。”

每天早上怀着“今天会比昨天更好”的信念开始新的一天，今天真的会像想象中那样精彩。不要绝望，任何消极的现实都无法战胜你充满希望的想法，所以请让希望而非不幸来描绘孩子的未来。那么，听着这些优美的语言长大的孩子将成长为在任何黑暗中都能看到属于自己光芒的帅气的人。

“就像花儿靠着太阳的光芒活着一样，

对于孩子来说，父母的语言是活下去的光芒。”

孩子模仿父母行为的理由

孩子经常模仿父母的肢体行为和语言，而且模仿得惟妙惟肖。理由是什么？这其中当然有孩子喜欢家人、经常见到家人等因素。但他不会公平地模仿父母双方，各随一半。不管是爸爸妈妈也好，还是照顾他的爷爷奶奶也好，孩子只会跟其中的一个人最像。理由很简单，因为那个人在家中的权力最大。

孩子之所以唯独爱模仿家庭中的某一个成员，是因为他想通过这一行为来掌握那个人拥有的权力和力量。通过模仿其特征，让那个人站到自己一边，然后用获得的权力向兄弟姐妹和其他家人行使影响力。当然这不是好的行为。这是我们每一个人都会有的自然的欲望，无法禁止。我们可以通过简单的提问改变事情发展的方向，积极地利用起来。例如，如果孩子在家里主要模仿爸爸，爸爸就可以以这种方式提问。

“爸爸觉得你妈妈爱读书的习惯和行为特别美。”

“你弟弟身上有惊人的专注力，这是爸爸所没有的。”

爸爸可以以这种方式提及其他家庭成员的优点，并告诉孩子每个人都有值得学习的地方。

刺激孩子的言行是非常不可取的。

“宝贝儿真聪明，一定是随了爸爸。”

“从你妈妈那里能学到什么?！”

“真有看人的眼光，不愧是我儿子。”

这样的表达方式只会让孩子更加处心积虑地模仿父亲，以便持续拥有权力和力量。这种说话方式百害而无一利，完全不能期待任何教育效果。

更令人惋惜的是，孩子会把其他家庭成员当成自己可以统治的对象，无视他们。有的孩子甚至会殴打爷爷奶奶，把弟弟妹妹当成奴隶，向他们下达指示和命令。凡事有两面性，世上没有绝对的坏事。他的言行跟家中的一个成员特别像时，这个人需要对他说，所有家庭成员都有值得学习的部分。让孩子感受到权力和力量均匀地握在每个家庭成员手上，这样他就会成长为能够向所有人学习，懂得学习之乐的人。

请不要对孩子说“只要努力就会有好结果”

如果对不学习的孩子说诸如“要尽全力到最后”“竭尽所能肯定会有好结果”此类的话，孩子会有什么变化呢？听起来像那么回事儿，但对学习没有什么大帮助。因为这不是出于孩子自己的意志，所以只会让他更累。

父母硬逼着学习，孩子当然不愿意学了，这是非常自然的。重要的是，要让孩子“主动”学习。想要他主动学习，得先让他体会到学习的乐趣。趁早放弃“要把他所有不足的部分都补上”的想法，最好先给他可以喘息的空隙和空间。下面介绍有助于父母养成这种心态的9种话。

“不可能所有科目都学得好，因此需要决定优先顺序。这样才不会中途放弃，每个瞬间都能集中。”

“怀揣梦想，树立目标固然是好事儿，如果这一时间比学习时间还长就有问题了。下定决心了就鼓起勇气开始吧。”

“英语，数学，科学，语文！不要想着一天都学完。把精力集中在今天要做的事情上。如果看得太远，很快就会累倒。”

“今日事今日毕，这些汇集在一起就成为最好的计划。好的一天就是好的计划。”

“开始学习之前最好先问问自己，‘我为什么要学这个？’因为只有对自己有十足的信心，才不会中途放弃。”

“不能持之以恒，经常三天打鱼两天晒网，是因为不合理地制订了好多计划。试着将计划细分，一个一个实现。”

“所有学习都有竞争，但这个没那么重要。如果你真的想学，任何竞争你都能克服。”

“尽全力才能成功。没有人是因为不懂得这个道理才失败的。重要的是，今天一定要拼尽全力，把一个个知识化为己用。”

“中途放弃并不会让孩子的天塌下来，我们完全可以找到其他的道路。很多时候放弃不是结束，而是另一条路的开始。”

如果希望孩子自己集中精神，而不是被别人逼着硬学，可以像这样巧妙地赋予学习的意义，让他了解学习的目的和价值。知道尽头在哪里之后再开始的孩子绝不会在中途彷徨。

第五天

独处时间可以提高孩子的创造力

孩子总是会抱怨无聊：

“给我买那个。”

“这个玩腻了啊！”

“不给我买那个，我就不走。”

一是因为觉得孩子可怜，二是想着他玩玩具可以培养创造力和想象力，于是经常会给孩子买新的玩具。就这样，房间里的玩具越来越多，多到难以收拾的地步。

现实往往与父母的想法相反。例如，有的孩子读了100本书，却完全记不住书中的内容，一点儿进步也没有；而有的孩子虽然只读了一本书，但脑海中攒了100个故事。原因是什么呢？很简单，要训练孩子的视角。

普遍的情况是，父母不断给孩子买新的东西，会让孩子就这样过着毫无意义的日常生活。

① 看到新鲜事物，表现出兴趣。

② 熟悉了之后，觉得无聊。

③ 又渴望新鲜事物。

④ 再次买新的。

⑤ 毫无收获，不断反复这样的模式。

如果父母允许孩子有“无聊的时光”，孩子的一天将发生改变。

① 看到新鲜事物，表现出兴趣。

② 熟悉了之后，觉得无聊。

③ 通过无聊的时间发现属于自己的视角。

④ 寻找属于自己的兴趣。

⑤ 变成举一反三的孩子。

请父母牢记下面 5 个事项。

① 让孩子自己支配自己的时间。

② 孩子抱怨无聊时，正是创造力开始提升的时机。

③ 不一定要陪孩子一起玩。

④ 最好找到父母和孩子都喜欢的事情来做。

⑤ 通过这些，孩子会领悟到“找一件自娱自乐的事情做很幸福”。

请每天给孩子 30 分钟左右的独处时间。给他买玩具是很容易做到的事情，但要控制自己少买，这是需要思考、克制的事情，不容易做到。容易做到的事情就交给其他人做，作为父母应该做不容易做到的、有价值的事情。如果想让孩子自己独处的时间更加闪耀，父母应该对孩子说哪些话呢？

孩子在独自做着什么时，适合讲给他的 5 种话：

“虽然大家都在看同样的东西，但不是都有同样的想法。”

“拥有卓越思维的人绝对不是一个人，因为他有个名为‘思想’的好朋友。”

“世界上最孤单的人是不能独处的人。”

“如果你确信，可以坚持己见。我们也相信你所确信的。”

“习惯了就会觉得无聊，但如果能忍受无聊的时间，就能得到新的领悟。”

是的，父母的心情我完全可以理解。当孩子一个人做着什么时，父母会莫名其妙地担心：

“孩子为什么会一个人待着？”

“是不是得叫上他一起玩？”

“是不是人际关系有问题？”

“朋友们不会觉得他很奇怪吧？”

孩子独自做事情，其实是一件如奇迹般美妙的事情。因为这代表了一个事实——

“独处的孩子是在思考。”

解决孩子新学期开学生活的三大苦恼

“老师就只讨厌我！”

“不喜欢班里的那些同学！”

“数学太难了！”

随着新学期开始，孩子的苦恼也开始了。大多是关于老师、同学的，还有关于学习的各种苦恼。父母怎样才能智慧地开导面临这些问题的孩子？这确实没有想象中那么容易。理由是什么呢？因为脱离了根本原因，就没法解决问题本身。如果每年新学期开始时都发生这样的问题，就更要仔细阅读本节内容了。

面对孩子的苦恼，如果大家是以下面这种方式应对的，那么苦恼得以解决的可能性非常低。

“老师就只讨厌我！”

→“哎，没招啊。今年遇错了老师。”

“不喜欢班里的那些同学！”

→“为什么？同学有啥问题吗？

“再观察一段时间吧。现在也没有什么办法。”

“数学太难了！”

→“你数学不好，都是妈妈（爸爸）的家族遗传。”

孩子身上出现的无数问题很有可能都是源于父母的语言。让我们好好想一想，父母的这些回答都是指向谁？没错，都是指向别人，而不是自己的孩子。遇错了老师，同学是个坏孩子，连学习不好都是家族遗传。一切都是别人不好。把所有问题都归咎于我们无法掌控的他人，问题当然得不到解决。

如果孩子在成长的过程中听到的都是责怪别人的话，那么，这种孩子会经过前面3个阶段，得出第4个结论。这才是真正糟糕的。

①“所有问题都怪别人。”

②“要改变的是他们！”

③“我无能为力。”

④“为什么我每件事都做不好？”

懦弱的自尊心、脆弱的心灵、不去挑战就只会耍脾气……孩子的这些消极面貌就这样开始了。父母在开导孩子时，要把孩子代入事件的中心。这看似简单却并不简单，它能给孩子带来 3 种领悟。

①我要走的方向。

②我该做的事情。

③我要负责的事情。

只要改变问题的方向，问题自然就迎刃而解。

“想要愉快地度过校园生活，要最重视什么呢？”“想要今天也快乐，要带着什么想法来开启一天呢？”“你的数学分数低，是因为你没有投入足够多的时间。”“往后要怎么做呢？”

一发生什么事情，就把原因归咎于眼前的人，转嫁错误或揭人短处，这种行为是无法解决任何一个问题的。尤其每学期刚开始时，容易因为同样的问题而苦恼。同样的问题反复出现，意味着原来的解决方法是错误的。这时要问自己“我该怎么做”，才能找到脱困的方法。

如果孩子对你说他此刻的坏心情都是因为别人，就等于是在跟父母强调，今后发生的所有坏事，责任也都在别人身上，以后有什么事他也只会责怪别人。这是会毁掉孩子未来的典型表述。另外，还有一个重要的点，那就是要区分“责任感”和“自责”。

“一切都是因为我”，这种自责对孩子一点儿帮助也没有。为了培养孩子“带有自我主导性的责任感”，才介绍了前面的 3 种提问法。这是日常生活中容易实践的提问法，家长在新学期要经常讲给孩子听。

第七天

父母在孩子上学路上对他们说的好话

对孩子来说，学校和兴趣班就是一个世界。因为在那里会发生很多事情，也会产生很多感情。因此在送孩子去学校或兴趣班的路上，最好不要说这样的话：

①听着就让人心情不好的唠叨。

②让人心情郁闷的各种消极语言。

③对学习的直接性建议。

在去学校的路上如果听到这些话，那么，在到达目的地之前，孩子就会有这样的想法：

“真不想学习。”

“烦死了，就想玩儿。”

“到底为什么要学习！”

还没开始学就是这种心态，那么学习和经历的东西当然不会积累在内心。在被其他家长夸爆的学校学了那么久，孩子的学习成绩和内心世界没有任何变化，其原因就在这里。

要让他在上学的路上充满幸福，那他自然而然地会带着积极的想法去思考关于学习和领悟、关系和沟通的问题。

我来给大家介绍可以激发孩子的好奇心、开启幸福一天的父母的 17 句话。重要的是，通过这些话，父母自己也能开启幸福的一天。对孩子好，就是对父母好。

①“每天早上都是一个崭新的开始。想到这一点，不觉得心情很愉悦吗？”

②“今天也要以积极的眼光看待世界。”

③“今天也是美好的一天。只想美好的东西吧。”

④“好期待啊！今天又会有什么有趣的事情等着我们呢？”

⑤“最近喜欢什么歌？能一个人唱歌真的是幸福的事情。”

⑥“多一点乐观想法，今天就能多幸福一点。”

⑦“忘掉烦恼和不愉快的事情吧。毕竟那些对大家都没有好处。”

⑧“饿的时候大口吃比萨，吃得满嘴都是。心里则带着满满的好心情出发。”

⑨“不要因为明天可能发生的事情而不安，因为拼尽全力的

今天会改变明天。”

⑩“今天一天不说别人的坏话，也不要把听到的坏话传达给别人。”

⑪“如果认为不行，所有的一切都是不幸。如果认为可以，所有的一切都是希望。”

⑫“幸福的事情每天都有，只待你去发现。”

⑬“今天一天是你的痕迹，这些痕迹汇聚起来就成为你的历史。”

⑭“打开玄关门出去的时候，心情都会很好，因为一切都可以重新开始。”

⑮“世上没有理所当然的好和坏。今天也找一个好的理由吧。”

⑯“只要有铅笔和笔记本，我们就会领悟到新的东西。”

⑰“今天一天心中只装着美好的想法吧。美好的一天只属于有美好想法的人。”

孩子去上学的路上，与其对他们唠唠叨叨，让他们心情不爽，不如说一些让父母和孩子都能幸福的话。

第八天

边玩边学习的孩子对时间的理解不同

有一个很神奇的现象：有的孩子常坐在书桌前，但成绩还是原地踏步；相反，有的孩子每天疯玩，成绩却很出色。差异到底在哪儿呢？

关键点就在于对“时间价值”的理解能力。如果孩子学会不浪费时间，他就会领悟到，人这一生的所有际遇都会给自己带来灵感。这是非常重要的事实。

有人说，我们要从一天 24 小时都要做点什么的压迫感中解放出来，要享受什么也不干的自由。这句话当然是一句金玉良言。我也不否认“什么也不干的时间”所拥有的价值。不过想要创造真正的时间价值，最好带着“世界上不存在没有价值的时间”的想法生活。可以经常和孩子说这些话：

“今天又会发生什么令人兴奋的事情呢？”

“这里有什么特别的理由呢？”

“那个人为什么那样行动呢？”

“这周发生的事情中令你印象最深刻的是什么？”

“想要有意义地度过一天，该怎么做？”

“人们喜欢这个面包的理由是什么？”

“每天早起 10 分钟，会发生什么事？”

父母经常用这种方式跟孩子说话，那么在这种氛围中长大的人就算什么也不做，也能在稍纵即逝的时间中有所发现。他们就是边玩边懂得学习的孩子，原因是他们会动脑子想。请记住，两个孩子就算在同样的空间，同样什么也不做，也会迎来完全不同的结果。区别就在于有没有动脑子思考。

第九天

能理解自己的孩子，孩子学习才会好

孩子上小学后，父母的苦恼大致分为两种：

“要细致地做好英语、数学、语文科目的学习计划，让孩子全都学起来。”

“学习固然重要，但也要让孩子自由自在地学自己想学的。”

但这里忽略了一点，不管是细致地制订学习计划，还是让孩子学自己想学的，最重要的是孩子目前的状态。为了让孩子的明天更美好，必须先问自己这个问题：

“孩子是否知道自己现在想干什么？”

如果完全由父母操控、规划，那么很有可能孩子成年后也完全不知道自己想要什么。在孩子最闪耀的小学时期，一定要让他学会自己提出这样的问题。

“我做什么事情时笑得最开心？”

“光是想想就让我开心的是什么？”

“要挑战什么新鲜事物才会变得幸福？”

“我最擅长的是什么？”

“我能不知疲倦地长久做下去的是什么事？”

小学时期经常对自己发问的孩子要比没有这样做的孩子更了解自己。通过这些，不仅可以产生自我调节能力，还能领悟到专注的能力和学习的方法。

因为对自己非常了解的孩子知道自己该学什么，所以能自然而然地在学习时发挥最高的专注度。当然上中学后也可以，只不过了解自己还是越早开始越好。通过上面罗列的 5 个问题，让孩子主动发现自己的价值吧。

第十天

学习不是苦差事

孩子从学校上完课回来时，各位家长会对他说什么呢？如果是像下面这样说话，最好还是换成其他表述方式吧：

“哎哟，我的宝贝儿，学习很辛苦吧？”

“学习辛苦了。到家了就好好休息吧。”

我曾经一再重申，跟孩子说话时，最好不使用“辛苦了”“受苦了”这种词语。在学习领域也是一样。因为这些话会让孩子得出这样的公式：

“学习是不停地受苦。”

“学习是个苦差事。”

父母心里都希望孩子能以快乐的心情自主学习，但对孩子说的这些话等于妨碍了其自主学习。这些话会让孩子从小就在心里一点一点积攒对学习的消极印象。久而久之，这些孩子要么成为放弃学习数学的人，即“数学放弃者”；要么成长只要一想到学习就火大的人。

如果想告诉孩子学习的积极意义，父母心中一定要有“学习不是在受苦”这一概念。只有这样，父母才能用与以往不同的表达方式来让孩子体会学习的意义。这样的语言才可以直抵其内心。

1.孩子去上课时……

“今天再辛苦一天。明天就是周末了！”

→“今天也要快乐学习，周末再幸福地玩耍。”

“大冷天去上课真是辛苦了。加油！要认真学哦！”

→“虽然冷但你没有抱怨，这样的你简直帅呆了！今天学校里最靓的仔肯定是你！”

2.孩子上完课回来时……

“哎哟，我的宝贝儿，学习很辛苦吧？”

→“学习真是一件幸福的事情。每天都在学习，而且每天都有新的知识要学。”

“学习辛苦了。到家了就好好休息吧。”

→“今天也度过了愉快的时光吧？从现在起，就跟爸爸（妈妈）快乐地共度时光吧。”

“就算辛苦，也忍一忍，再学5年吧。只要再忍5年，往后就好了。”

这种话也不可取。因为这等于在告诉孩子“学习是一件苦差事”，而且即使过了5年也未必会变好。这是为了解决眼前的问题而说的“甜蜜的谎言”。日后觉得被骗的人回忆这段过往时，有可能埋怨父母。可以如实地对孩子说，但在话语中要融入对学习的积极印象。只有这样，孩子才不会觉得学习累，才会主动学习，珍惜所有时间，做好周密的计划和准备。

事实上，大部分的孩子拥有的能力都差不多。但（学习）结果却有很大差异。在小小的教室学习了同样的知识，有些人的成绩就很优秀。这些人的共同点是什么？就是这些孩子可以自主地支配自己的一天，能明确区分该做的和不该做的，保持最好的心情来学习知识。这些孩子不会勉强自己，在保持平常心的同时，也能把要做的事情做到几近完美。各位家长通过自己的语言也能轻松地让孩子实现这一点。“这真的能行吗？”抛开这种怀疑，通过上面介绍的话，开始我们的日常生活吧。

第十一天

让不爱学习的孩子发生改变的写日记法

从小学生到高考考生，从语文、英语到数学，我曾给各年龄段学生教过各种科目的学习方法，在此过程中有了一个领悟，那就是关于下面这一问题的答案。现在我就给大家一一讲解。

“对学习毫无兴趣，总是一副生无可恋的表情，这些无精打采、自尊心见底的孩子，怎么做才能改变他们？”

父母的想法都是一样的。虽然学习不是人生的全部，但也希望自己的孩子能主动学习并有个好成绩。希望孩子能设立目标，自己制订计划，每天都有进步，但其实这是一件非常难的事情。仔细一想，大人好像也很难做到。

无论对小学生，还是对高三考生来说，这都是很难的事情。但是有一个办法可以让这么困难的事情变得非常简单。我教过的学生中，几乎所有的学生都发生了积极的变化，大家不妨一试。方法就是写日记。我在教孩子之前，不管孩子多大，都会让学生先写日记。

尤其是那些完全没有意志和激情的无精打采的孩子真的很难改变。因为什么话也不管用，让父母更加心力交瘁。这种孩子就算交给老师管教，也很难发生改变。没有想要做的意志和积极生活态度的孩子，就像岿然不动的巨大石头，谁也搬不动那块石头。“写日记”这个方法就可以让任何孩子动起来。

孩子每天把所见所闻和自己的想法写成文章时，需要动用到智慧。处于死气沉沉状态的懦弱的内心开始出现生机，眼神也变得炯炯有神，让人感觉他无所不能。对待一天的态度发生改变，心态也发生了变化。

开始写日记后，所有的一切都会像奇迹般出现良性循环。注意力也会提高，学习的速度和以前完全不一样。不久前还是一个无法沟通的孩子，现在可能变成了无须父母再催促学习的人。写日记绝非小事。如果不写出一天的所见、所闻、所感，那这一天在孩子的人生中等于不存在。不写出来，人生就会消失。

1.最简单的开始。

写日记一点儿都不复杂。一开始谁也写不长，大人也是如此。重要的不是篇幅。即便写得很短，也要每天坚持写，这才是重要的。哪怕写三句也行。当天的所见写一句，所闻写一句，自己对此的想法写一句，刚开始时这样简单写也可以。平心静气地开始吧。至于字数，逐渐增加就行了。

2.不停歇地继续写。

日复一日地写日记会发生什么事？没错，日常生活中很难再找到可以写成文字的有趣的事情了。一般写一个月左右，就会遇见这种情况。这一时期是最为重要的。这时很容易放弃写日记，但一定要让孩子继续写下去。当他很难找到有趣的事情时，就会开始给无聊的东西赋予意义，进行深入的思考。等孩子熬过了无聊的时间，就会遇到奇迹了。

3.自我领悟。

奇迹还没结束。孩子开始走近此前从未关注的琐碎的事物，观察这些事物的细微动作，开始倾听。就这样，孩子领悟到所有学习都是始于所见所闻。也就是说，自己成为自己最好的老师。孩子会睁开紧闭的眼睛，打开耳朵，学会学习的方法，享受到日常的喜悦。

如果能通过下面这些话，给孩子传递鼓励和支持的信息，可以期待更有建设性的结果：

“把你今天感受到的写成日记，

就能记住一辈子。”

“树木想要茁壮成长，需要阳光和水，而我们为了心灵的健康，需要写日记。”

“世界上有比时间更重要的东西，就是把你度过的时间用文字记录下来。”

“把今天学到的内容写在日记上，就知道明天该学什么。”

写日记是一件珍贵而重要的事情。因为这是在移动一个名为自己的巨大智慧体，把世界各地的灵感和智慧装进自己体内的过程。坚持一个月就能看到明显的变化。在时间充裕的假期开始写日记，当然再好不过。如果能写出来，就可以把所见所闻变成自己的知识，化为己用。如果你们的孩子不爱学习，或者看起来有这样的迹象，就一定要记住，孩子写的日记越多，对学习感兴趣的可能性越高。

第三章

11 天对话，提高注意力和记忆力

孩子老是问这问那时，父母怎么回答

“妈妈，这是什么？”

“爸爸，为什么会那样？”

孩子在成长过程中经常会问这样的问题，特别是对于8岁以下的孩子来说，已经成为日常生活的一部分。这时很多父母认为需要回答孩子的问题，所以即使觉得麻烦也会用心作答。小到日常的琐碎小事，大到关于学习的所有问题，孩子无时无刻不在提问题，如果得不到正确的答案，孩子可能会有以下想法：

“爸爸妈妈怎么连这个都不知道？”

“不是上过大学吗，怎么会不知道？”

“一个大人还会不知道？”

这个时候父母的态度就显得尤为重要。教育方面的意义暂且不提，更重要的是，它还能决定孩子以后对待生活的态度。想要最智慧、最沉着地应对这些情况，首先必须基于这样的大前提：

“父母不可能什么都知道，也没有那个必要。”

因为真正重要的不是简单地告诉孩子答案。想要唤醒孩子的大脑，让孩子更牢固地记住所学知识，并化为己用，就要知道以下这个事实：

“让孩子主动表达自己的想法。如果孩子每天都在给别人讲解刚学的知识，渐渐地，艺术家的视角就会在内心形成。这样的奇迹只有父母才能给孩子。”

如果您也想给孩子传递这种价值，那么，在孩子提问时，可以这样说：

“妈妈（爸爸）是这样想的，你是怎么想的？能否说明一下？”

幼年时期的孩子通过这一个提问决定看待世界的视角，其结果就是思维的广度和深度也会发生改变。我再强调一遍，重要的不是父母的回答而是孩子的想法，而比这更重要的是，如果每个孩子都能充分表达自己的想法，那么他就可能在各领域充分发展。要唤醒孩子沉睡的大脑，此时起到最重要作用的就是“能表达所思所想”。

孩子看见某个事物都会进行思考，但能把自己的想法阐述给别人的人是少数。想让孩子表达自己的想法，不需要别的，只需要这一句话即可。这句话可以说是“奇迹语言”，孩子的人生可以分为听到这句话之前和听到这句话之后。正是因为如此重要，所以我才要再强调一遍：

“妈妈（爸爸）是这样想的，你是怎么想的？能否说明一下？”

哲学家康德曾说过：“思想无内容则空，直观无概念则盲。”可以说，这句话说明了会表达的人生具有的价值和力量。鼓励幼年时期的孩子就开始自由地表达自己的所见、所闻、所感。在这个过程中，孩子的大脑会发育、优化，注意力和记忆力也会得到提升。从今天起，开始给孩子讲这句话吧。

第二天

怎样提高沉迷于手机和游戏的孩子的学习专注力

“我家孩子很少读书。”

“考试期间还沉迷于智能手机，熬夜玩手机。”

“上了那么久的补习班，学习成绩也没有提高。”

各位家长是不是因为孩子沉迷于智能手机和游戏而愁坏了？我来告诉大家通过话语提高孩子学习专注力的非常有效的方法。

首先要知道一个事实，那就是因上述问题而苦恼的家庭也不是一开始就存在孩子不爱读书或是不能集中精力学习的问题。正是父母错误的语言让孩子离读书和学习越来越远，久而久之，孩子变得不爱读书、厌学。

有的父母可能会反驳说：“我可绝对没那么说！”但事实上，

很多家庭中都出现过这种场景。

“这次我的英语成绩提高了 10 分。”

孩子兴奋地边喊边向你跑来，父母心里其实也觉得高兴，却口是心非地说出扫兴的话：

“就只有英语成绩提高能行吗？”

“语文和数学怎么样了？”

“是你们班的平均分提高了？还是就你的分数提高了？”

“是不是问题简单？重要的是名次，不是分数！”

有人可能会想：“怎么可能，世上哪有父母会那么跟孩子说话？”但如果说话之前不经思考，谁都有可能说出这样的话。经常听到这种丧气话的孩子会渐渐失去激情，最终成为把书摊开也不读的孩子。孩子会想，最爱自己的父母都不承认自己的努力和变化，他的毅力当然会消失。随着这样的日子不断累积，孩子最终会产生厌学的念头。我来介绍在这种情况下适合讲给孩子听的话。请用心地说给他听：

“学习并不是一件容易的事。但是只要努力就会慢慢好起来。”

“诱惑你的东西肯定很多，就算会出错、进步慢，我们也一直相信你。”

“学习的量一点儿都不重要。重要的是质，就算只学一个知识，也要自己领悟。”

“没关系。坐在书桌前，谁都会做小动作。只要定下心来重新学习就可以了。”

“不要因为学不进去而太担心。因为现在是在做学习之前的准备。”

孩子很努力地想要做好，父母为什么老是会说出扫兴的话呢？孩子展示自己做得好的部分，向父母投来渴望赞美和鼓励的眼神，父母为什么偏偏要提及孩子做得不好的部分，批评孩子做得还不够好呢？父母的心情也不是不能理解。毕竟父母希望自己的孩子能做得更好，花点心思把不足的部分补上。虽然一切都是出于爱，但也有必要考虑一下：

“我要给予孩子的爱和孩子想要的爱真的是一样的吗？”

就算父母的爱再炽热，如果方向不同，就不能互相遇见，孩子也就不能感受到温暖。这也是很多父母大声呼喊对孩子的爱，但感受不到爱意的孩子会在角落里哭泣着说“父母不爱我”的原因。彼此之间的爱意像太阳一样炽热，但因为爱的方向不同，父母和孩子都没法感受到爱意，这真是令人惋惜的现实。

父母不催促也会主动学习，找到自己要做的事情并努力完成，集中注意力解决一件事的孩子，这些特质是怎样养成的？其实方法很简单。让孩子感受到父母的爱就可以了。当孩子一旦知道父母爱着自己的事实，就会觉得自己的生活很安定，于是开始正式地探索自己。也就是说，孩子会开始学习。把上面介绍的话讲给孩子听，父母自己也要用这些话来勉励自己。现在就开始吧。

适合讲给冲动又散漫的孩子的话

“不行！不要碰它！”

“吃饭的时候好好坐着！”

“就不能好好坐在椅子上！”

今天是不是又朝孩子大发脾气了？吼完之后，父母心里也不舒服。训斥的时候，还会担心：

“是不是我的孩子有点奇怪？”

“孩子原本都是这样吗？”

“是不是有什么问题啊？”

首先需要正确地区分。因为“散漫的孩子”和“活泼的孩子”是完全不一样的。决定性的区别在于“有没有明确的目标？”“自愿也好，被迫也好，能不能控制自己？”如果言行有明确的目标，同时又能控制自己，那就是“活泼”，反之就是“散漫”，这一点很重要。

冲动又散漫的孩子有以下共同点。

① 还没等对方问完，就抢着要回答。

② 总是妨碍朋友做的事情。

③ 想方设法用“恶言恶行”来打断别人。

④ 表现出坐立不安的样子。

⑤ 四处乱跑，搞得别人心烦意乱。

如果症状没有严重到要去医院看心理医生的地步，就完全可以通过父母的语言来改变孩子。请一定要仔细阅读。

我把可以改变冲动又散漫孩子的语言分成 3 类。每一类都举例进行了说明。大家要把我建议的话全部背诵下来，牢牢记在心里。如果记不住，就不断朗读和抄写，一定要有“不背下来誓不罢休”的强烈意志。

1.改变孩子的想法和行为，让他们凡事都尝试着慢慢来。

“你试试再思考一遍，然后说出来？多想想就会有更好的想法。”

“不管是说话，还是行动，没有必要慌慌张张。妈妈已经做好了耐心等待的准备。”

2.请告诉孩子休息的价值，让他们在日常生活中享受自己的时间。

“休息不代表无所事事地玩儿，这是为了更完美地做些什么而进行的投资。”

“埋头往前跑是谁都能做到的事情，但懂得何时停下来，回顾过去的言行，则需要很大的勇气。”

3.让孩子对待事情有合适的态度。

“没有必要看着洒出来的水而担心，只要擦一擦就能恢复如初。”

“哇，这次书读得真快啊！下次是不是可以读得慢一点呢？要是错过了精彩部分多可惜啊！”

冲动又散漫的孩子可以通过我前面介绍的父母的话语来改变。不对，是一定要改变。因为情况太严重的话，在孩子没有具备学习态度的状态下接受的所有教育都很难抵达孩子的内心。此时，对孩子本人和教他的老师来说，都是浪费时间。

为了提高孩子的教育和生活质量，请一定要记住这些话，并在日常生活中实践。想学习的态度和日常的行为决定了孩子的所有生活质量。记住，孩子的这种态度是可以通过父母的语言轻松地养成的。

电动玩具会让孩子变笨

是不是觉得这个标题危言耸听？即便如此，我也要这样写，因为这对孩子的智力发育和成长真的是非常重要的问题。世界上有各种各样的玩具。按下按钮，玩具汽车就会快速移动，漂亮的玩偶还会唱歌跳舞，看到这一画面的瞬间，孩子就会觉得眼花缭乱。因为对于从未见过这些场面的孩子来说，等于亲眼目睹了奇迹。

孩子的感官得到了极大满足，但孩子的内心发生了什么变化呢？越是玩电动玩具，孩子越会失去想象力。有的父母可能会有下面的想法：

“孩子玩电动玩具，说不定能激发孩子的好奇心，让他们充满想象力呢。难道就没有这种可能吗？”

对于这个问题，下面我列出 5 个理由，向大家详细说明。

1.思考停滞。

手里拿着电动玩具，孩子唯一能做的就是按下按钮之后，静静地看着玩具自己动来动去。

2.感情停滞。

孩子参不参与都不能改变玩具的移动轨迹，也无须孩子从旁协助或是付出感情。

3.努力停滞。

只是呆呆地看着，玩具自己就会动，这样就失去了自己动手的快乐。

4.创造力停滞。

不再自己思考和想象，而是在别人想象好的名为游戏的世界里，只图简单方便。

5.注意力停滞。

容易失去耐心，集中精力关注一件事情和物体的能力急剧下降。

思考、感情、努力、创造力、注意力等孩子人生中所必需的能力被停止。按下玩具的按钮等于按下上述 5 种能力的暂停键。玩具机器开始转动，意味着孩子的想法开始停止。有的父母可能会认为，孩子玩电动玩具，才能不落后于时代。

“孩子玩电动玩具，才能紧跟时代潮流，了解现实吧？”

说的没错。但本质在于能够主动思考和行动的孩子，无论世界如何变化，都能走在时代前沿。无论是从技术上还是学习上都能遥遥领先。重要的是能自己开始，创造出最精彩的东西。

在日常生活中可以多安排这样的游戏。

① 可以变换多种玩法的游戏。

② 可以让孩子获得成就感的游戏。

③ 不会上瘾，孩子能主导的游戏。

④ 孩子自己能改变玩法的游戏。

⑤ 没有按钮的游戏。

对孩子来说，最“牛”的人生是主导性地思考一件事情，集中精力钻研它，在日常生活中时不时地搞出一个“小发明”。各位家长别忘了我上面介绍的 5 点。为了让孩子成长为自己能制造出按钮的创造型人才，而不是只知道玩有很多按钮的玩具的消费型孩子，请用创意的想法填满孩子的日常生活吧。

第五天

“读书育儿”的成功秘诀在于提问

我很了解各位家长现在读这本书的心情，可以说融入了对孩子浓浓的爱意和父母自己想要实现进一步成长的迫切心情。“读书育儿”是帮助父母将愿望变成现实的非常好的教育手段。有些父母通过读书育儿，完美地教授孩子英语、语文，甚至是数学，而有的父母却没什么成效，停滞不前。其理由不在于父母的才能、智商或是环境，而在于“提问”。没有产生任何结果或变化的父母在读书时只想着：“我的孩子能做到吗？”

这是一个发展潜力最差的问题。如果父母总是习惯性质疑自己的孩子，那么，在这种父母身边长大的孩子会共性地出现 3 个问题。

① 不挑战新鲜事物。

② 学习能力和注意力显著下降。

③ 自尊心低，适应能力差。

为什么差距会这么大？因为“我的孩子能做到吗？”这句疑问句里包含着下面几层意思。

① 我的孩子只有 5 岁，所以不能做这个。

② 这个要到 8 岁才能做。

③ 别的孩子能做到是因为他家环境好。

父母都没有让孩子尝试过，就凭自己的想法有了判断，这等于是在扼杀孩子的潜力。这种想法会直接传递给孩子，孩子才会出现前面说的问题。要知道，父母的话语就等于孩子以后要面对的现实。

有的父母读 100 本书才找出 1 个实践方法，而有的父母只读了 1 本书却找到了 100 个实践方法。理由是什么呢？因为这些父母改变了对读书育儿的“提问”。读 1 本书找出 100 个实践方法的父母在读书时会这样提问：“如果把它应用到我家孩子身上，该怎么做？”

这句话为什么是让孩子成长的“奇迹提问”呢？因为通过这句话，我们会经历如下三个思考过程。

① 可以定期、准确地掌握孩子目前的水平。

② 父母会主动寻找只为孩子着想的最佳方法。

③ 从周围的一切事物中发现让孩子成长的灵感和信息。

总是认为孩子做不到的父母就算读 100 本书也只会找出 100

个做不到的理由。不管读什么书，也只去找孩子做不到的理由。这种父母对孩子进行“读书育儿”，对双方来说都是浪费时间。因为这样的父母只会限制孩子的发展潜力，孩子也不能集中精力读书。我当然理解父母的苦衷，但只要学会一个提问就可以了，很简单。现在就让我们开始读书，“发掘出我家孩子的潜力”吧。只要学会一个父母认为微不足道的提问，孩子的生活就能变化很大。

帮助孩子有效记住所学知识的问题

大家可以回想一下，自己的学生时代背英语单词的时候是怎么做的？最常用的方法应该是反复在笔记本上写，渐渐熟悉单词。老师经常留这样的作业：

“今天的作业是这一单元里出现的单词，各写 20 遍。”

对于这项作业，大家有何想法？不觉得有点奇怪吗？这里有一个方法可以有效激发孩子的思维。那就是，让孩子自己思考并决定要抄写的次数。当孩子不是想着“不得不写”，而是想“为什么要那样做”时，那么同样的作业也有不同的活用方法。

在前面的章节曾说过，孩子第一次见到不认识的英语单词时，一般会通过反复抄写的方式进行背诵。

“要背诵 20 个单词，那每个单词先抄写 30 遍吧。”

但仔细一想就会发现，其实这是非常不合理的，同时也是无法激发孩子的想法和记忆的非逻辑方法。没必要把所有单词都抄写30遍。根据单词的难易度，有些单词写10遍就能背下来，有些单词写30遍才能背下来，当然也有写40遍才能背下来的非常难的单词。想要激发孩子的想法，把孩子培养成能有效思考的人，需要下面这些提问：

"这个单词需要抄写几遍能背下来？"

"这本书要看几遍能全部理解？"

"这道题要解几遍能熟练地解答出来？"

虽然很努力但成绩不好的孩子基本上都是没能通过这些提问提高记忆效率。在简单的事情上投入很多精力、白白浪费时间的孩子，令人惋惜的地方还不止于此。因为在没用的地方花了太多时间，所以在真正重要且耗时的地方却抽不出时间。如此一来，得到的结果总是差强人意。但如果父母对孩子提出上面的问题，孩子就会开始思考。比如像这样：

"这个单词对我来说有点难，感觉得写30遍。那个单词比较容易，感觉写20遍就够了。还有，这个单词是我知道的单词，那也再写5遍吧，就当巩固了。很好，很完美！"

这种学习方式得到进一步发展，孩子就能对自己提出以下问题，找出更有效的学习方法：

"哪个更难，哪个更容易？"

"这门课要复习几次？"

“如何分配时间，才能完成所有任务？”

“时间不够了，那就减少玩游戏的时间吧。”

长此以往，孩子不仅能做到精确地计算时间，还会主动减少游戏时间用来学习。意想不到的优点就这样显现出来了。

这是非常惊人的变化。父母的一句话不仅能让孩子有效地记住所学的东西，还能改变孩子对待学习的态度，学会安排时间。父母需要的不是单纯的能说会道，而是拥有对孩子说出适宜的语言的能力。

第七天

对学习困难的孩子说“尽力而为”是最糟糕的事情

“你不够努力！”

“为什么总是不拼尽全力！”

这是我们经常说的话。但是有一个值得思考的地方，那就是“努力”“全力”这些词语都是非常主观的表述。这是由别人来随心所欲地衡量自己付出的努力的价值。我们在没有认识到孩子有多努力和勤奋的情况下，单纯地用看得见的结果来进行判断。

“如果拼尽了全力，肯定会做得更好！”

“如果学习态度够真诚，结果肯定更好！”

只看结果中的一串数字，凭此断定孩子学习态度不真诚，没有尽全力。这种情况别说是孩子，大人听了也会觉得很不高兴。因为这是随意评价和衡量孩子的努力。

“我觉得学习好累。”

“很难集中精力去学习。”

孩子说学习累，意味着已经在学习上尽了最大的努力。这个时候一定要充分理解孩子的心情，也要看到隐藏在其中的、肉眼看不见的尝试和努力。孩子为什么说学习累呢？因为孩子也想好好学，并拼尽全力在学，所以才觉得累，不是因为不努力才觉得累。对于这样的孩子，父母如果再让他尽全力，那么这些话语只会给孩子带来伤害。

孩子喊累，其实是希望父母能安慰自己的求助信息。也就是说，孩子把最爱的父母当成最后的倚靠向其寻求帮助。让累得虚脱的人再加把劲，这是大人听了也难以忍受的话。这样的话语只会让人产生反抗和失望心理。

从出生开始，每个孩子都在不知不觉中开始学习。从走路到刷牙，可以说，构成生活的一切都是学习的一部分。如果从孩子很小的时候就经常给他们讲下面这些话，那么，孩子长大了，也不会觉得学习有那么累，便可以持之以恒地学下去。

“想要赢别人而学习只会让你觉得累，但为了帮助别人而学习会让你高兴。”

“学习不是只有坐在书桌前才能学。看见花开的场景，也能让我们学会生命的价值。”

“学习是时间和态度的艺术。耐心地反复学的话，我们走过的时间终会让我们遇见精彩的世界。”

“‘这里肯定有什么东西’，以这种想法度过一天的话，肯定能得到我们在教科书上学不到的众多感悟。”

“通过考试，我们能看到学习的结果。不要太在意分数，因为任何分数都无法抹去你学习的时间。”

“学习的时候可以做小动作。但重要的是，你能解释为什么做小动作。如果可以解释，说明你的小动作比学习更重要。”

“得更认真地学啊！”

“得赶紧集中精神！”

“你就是不够努力！”

“你看看你朋友学习的样子！”

这样的话对孩子没什么帮助，孩子自己也知道这些。因此，在孩子更小的时候告诉孩子学习的价值，让他们自然地养成学习习惯，显得尤为重要。如果父母经常对孩子讲我前面罗列的那些话，还让孩子进行朗读和抄写，那么，在这种语言环境下长大的孩子，可以摆脱这个世界创造的“学习＝累”这一公式，以自己的方式重新定义学习。

“每天接触到的‘语言’不同，

每天过的‘生活’也不同。”

第八天

父母和孩子都需要独处的时间

如果我说孩子需要独处的时间，有的父母会这样理解：“是让孩子在独处的时候阅读书籍或是做功课吗？”完全不是这样的。恰恰与之相反。在阅读书籍或做了功课之后，孩子需要“发呆”的时间，一个人什么也不做，只是呆呆地坐着。不管是对孩子，还是对疲于生活的父母来说，都是如此。

孩子和父母需要独处的理由有点不一样。孩子需要独处是为了把在学校学的知识化为己用，或是冷静地思考，把学到的知识储存在脑海之中。父母需要独处是为了让疲惫的身心得到放松，一个人什么也不做，只是静静地待着。

独处的时间长短没有那么重要。在日常生活中抽出 5 ~ 10 分钟就足够了。而且，孩子和父母分开的时间太长，从现实角度来讲也不太可能。每天跟孩子短暂地分开几次，拥有属于自己的时间，也能产生很好的效果。

孩子集中精力做某件事的时候，父母跟孩子搭话，固然也不错，但更好的处理方式是，让孩子自己待着，充分享受独处的时间，而父母可以短暂地拥有属于自己的时间。孩子在玩耍的间隙要有思考的时间，这样才能把玩过的内容装在心里。另外，孩子可以更加专注于自己所做的事情，学到的东西也能记得更久更牢。

“又在做什么呢！你一个人在那儿做什么呢？”

“如果实在没事可做，就过来运动运动吧！”

“你有时间发呆，还不如多读几页书呢！”

有些父母害怕让孩子一个人待着，他们认为这个时间就是在浪费，毫无用处。没错，完全可以这么想。但是对于一个刚刚接触世界的孩子来说，一定要有发呆的时间。因为孩子通过这一时间，可以把所学、所听、所读的东西装进脑海里。

孩子独自发呆的时间不是凭空消失了。这是孩子为了把世上所有的知识化为已用、装入脑海的时间。可以说是孩子自己为了成为独立的存在而奋斗的时间。这时只要给够孩子独处的时间就可以了。

父母说的15句话摧毁孩子学习的动力和专注力

父母在日常生活中难免会对朋友、家人进行各种抱怨或是发牢骚，以此来宣泄自己的不良情绪。虽然这些话不是直接对孩子说的，但孩子也会受到很大影响。内心、情绪等多个方面都会受到影响，但尤其对学习产生的影响最大。

下面我来介绍打击孩子的学习热情，使孩子注意力减弱的父母的话。在孩子面前一定不要说这些话，一定要有“坚决不能说”的坚定意志，这样才能控制自己：

“工作都是为了混口饭吃。”

“活着不都是这样嘛。”

“混个大差不差就行了。”

“不能强出头。枪打出头鸟。”

“活得简单点。那种事无须知道。”

“我不是那块料，干着费劲儿。”

“这就是我的命啊！”

“等我中了彩票，我就辞职不干！”

“那不是谁都能做到的事情。”

“等着瞧吧。翻身就是一瞬间的事儿！”

“运气好的人干什么都能成。”

“为了你，我这是受了多大苦！”

“学习就有出息了吗？”

“努力就能改变命运吗？”

“不要做太难的事情，免得到最后都得你负责！”

是的，生活不易，谁也难免会不自觉地说出这些悲观的话，偶尔说一次也就罢了。如果否定所有可能性，将贬低努力和学习所拥有的力量的话语变成习惯，那么，在这种父母身边长大的孩子将没法集中精力学习。因为听着就让人泄气的话会打击孩子的学习热情。请记住，激发孩子自主学习的意志是非常艰难又需要耗费大量时间的事情，相反，摧毁孩子的专注力、兴趣、热情是分分钟的事。

“教育虽然是在教室里进行的，

但完成它的是父母的语言。”

第十天

孩子反复问同一问题，父母该怎么办

“刚才不是回答过你吗！”

“为什么老问同样的问题！”

“你这是在跟妈妈开玩笑吗？”

很奇怪，为什么孩子总是问同样的问题呢？孩子的所有行为都有自己的理由。孩子反复问同一个问题的行为也是有重要理由的。因为那就是成为“自己人生的天才”的过程。

有自己的想法的孩子在向不了解自己想法的人进行说明的过程中，逐渐发现只属于自己的优秀资质。因此，日常生活中的亲子对话时间非常重要。

孩子反复问同一个问题，不是因为他没有专注听父母说的话，或是立刻就忘记了，反而是为了“更准确地了解”刚刚学到的知识。孩子是要把学到的东西牢牢刻在心里，长久地记住，并用更明确的自己的语言进行说明。

在孩子自己停止提问之前，父母要尽量亲切地认真回答孩子的问题。这时最好给孩子讲能让孩子增长智慧的“产生价值的语言”。比起普普通通的话语，这种语言可以给孩子带来10倍以上的深度智慧。因为它可以让孩子把新学到的知识完全变成自己的。

“原来你是想了解得更仔细才反复提问的啊。”

“不断地思考，可以领悟到在进行思考之前不知道的精彩事实。”

“同样的事情，如果用不同的视角去看，可以发现新的事实。”

“今天又会发现什么新的事实呢？”

成为自己人生的“天才”，并没有想象中那么难。只要知道自己想要什么，并能用自己的语言表达出来，那谁都能做到。如果把亲子对话当成每天出发的探险，并乐在其中，孩子和父母都能得偿所愿。

第十一天

怎样不生气地让孩子记起自己要做的事

大多数父母每天早上都是以崭新的心情开始一天生活的，尽量用笑脸迎接刚刚从睡梦中醒来的漂亮宝贝。但是随着时间的流逝，他们逐渐达到忍耐的极限，最终还是会对孩子发火。

“我有没有说过让你整理玩具！”

“吃完饭了就去刷牙！”

“睡觉前要把作业做完！”

我们不自觉发火的理由是，孩子没有按照我们的想法去做，所以对这一事实感到非常失望。不是对孩子，而是对自己感到生气。那么，如何不生气地激发孩子的记忆呢？要让孩子自己思考并行动，为此最好改变说话方式。一直以来使用的指责或发号施令的方法是行不通的。指责和命令的话语中是没有“思考基因”

的。换成以下说话方式，效果立竿见影。

①“你不会是忘了吧？”

②“还记得吧？”

③“知道吧？”

可以适当地利用上面3种表达方式，心平气和地跟孩子说话。代入到前面提到的场景。

“我有没有说过让你整理玩具！”

→“要整理玩具的，你不会是忘了吧？”

“吃完饭了就去刷牙！”

→“饭后要刷牙，还记得吧？”

“睡觉前要把作业做完！”

→“知道睡觉之前要写完作业吧？”

当父母这么说时，孩子就能自然而然地记起自己要做的事情。同时，还能反思自己的过去和现在，改变日后的行为。比如，像这样：

“对啊，只顾着玩耍，忘了整理玩具了。以后玩的时候可不能再忘了。”

“怎么办，我忘了作业还没写。以后一定要在书桌上提前放好要写的作业。”

怎么样？不觉得惊讶吗？孩子不仅自己想起了要做的事情，还会为此制订周密的计划。父母只是说了一句激发孩子记忆的话，却把孩子看待周围的视线和态度都改变了。

我们以前使用的压迫、愤怒或命令的语言中没有这种力量。带有强制性的语言在当时可能会有效果，但孩子很快就会忘记，所以效果是一次性的。而且父母要一遍一遍地说，把孩子不足的部分逐一指出来，在不知不觉间就变得火冒三丈。当然，父母发火并没有错。因为爱孩子才失望，在这个过程中会不知不觉地发火，可惜不能对孩子的行为带来明显的变化。

时间真的很重要。如果你发了 10 分钟的火，意味着你不是失去了 10 分钟，而是失去了可以幸福 10 分钟的机会。现在就通过可以激发孩子记忆的语言，改变孩子的日常生活吧。这样一来，父母不用生气，孩子也能记住自己要做的事情。

第四章

11 天对话，培养时间管理能力和学习习惯

父母的消极语言导致孩子不学习

很多父母都会碰到解决不了的苦恼：对学习没有自信的孩子；情绪起伏大、静不下心来学习的孩子；很难 1 分钟静静坐着听课的孩子。为人父母在教育子女时能遇到各种各样的苦恼，可谓是五花八门。起初想着“孩子都这样”，没有太放在心上，但是随着时间的流逝也不见好转，起初的担心变为害怕。如何才能让孩子平心静气地学习？不用太担心，解决方案就在不远处。

遗憾的是，家里有这些“熊孩子”的父母在跟我吐露心声时，我发现他们都很爱说这样的话：

“感觉跟我小时候很像。”

“我小时候就是那个样子。”

语言拥有的力量比任何武器都要强大。因为语言中暗藏着那个人的想法，语言最终会决定那个人的行为。很多父母认为孩子的言行很像小时候的自己，其理由也在于此。虽然这是令人难以置信的事实，但正是父母的语言塑造了孩子现在的生活。各位家长也是通过父母的语言塑造了自己的人生，并通过这样塑造出来的人生影响着孩子的人生。这真是可怕的事实。父母的语言对孩子有着强大的影响力，其程度超过了世界上存在的任何基因。

父母的语言可以决定孩子的一生，这一事实对某些人来说是可怕的，但相反，对另一些人来说，是充满希望的事实。我希望所有家长都能从这里找到希望。下面我们就来介绍解决方法。

请大家把消极和指责的语言改成积极和希望的语言，说给孩子听。当孩子听到积极的语言时，想学习的心情会油然而生。

①说得更简短一点。

②询问孩子的意向。

③充满希望的结尾。

我来举例说明。

场景一：作业

①说得更简短一点。

“今天的作业是什么？”

②询问孩子的意向。

“能按时完成吧？”

③充满希望的结尾。

“如果你能不拖拉，你的心情也会变好。”

→“今天的作业是什么？能按时完成吧？如果你能不拖拉，你的心情也会变好。”

场景二：游戏

①说得更简短一点。

“游戏玩太久，对眼睛不好。”

②询问孩子的意向。

“你觉得呢？”

③充满希望的结尾。

“相信你能自己控制好时间。”

→“游戏玩太久，对眼睛不好。你觉得呢？相信你能自己控制好时间。”

场景三：预习

①说得更简短一点。

“先读一遍，可以整理好你的思绪。”

②询问孩子的意向。

“要不要体验一下这种美妙的感觉？”

③充满希望的结尾。

“上课时间会变得更快乐。”

→“先读一遍，可以整理好你的思绪。要不要体验一下这种美妙的感觉？上课时间会变得更快乐。”

正如我在前面强调过的那样，这种表达方式对各位家长来说有可能还很陌生，为了尽早熟悉，大家可以通过抄写、朗读等方式进行练习。因为只有熟悉了才会变成自己的。还有，一定要记住，家长改变说话方式不仅能改变孩子，连自己的人生也能摆脱负能量，获得自由。

“为孩子，就是为我自己。”

为什么要告诉孩子时间的价值

养孩子的过程中会遇到各种各样的问题：孩子在忙碌的早晨喋喋不休说个不停；孩子玩游戏玩得忘了时间；孩子在学习和读书的时候把心思放在其他地方；孩子无法集中精力，好动坐不住；孩子叛逆不听话。

问题虽然五花八门，但万变不离其宗，能解决问题的答案只有一个，那就是“时间”。因为孩子对时间的价值没有清晰了解，所以才会毫无意义地度过一天。想要让孩子改变，不是什么难事，也无须花太多时间。每天抽出一分钟时间，给孩子讲一些能让他懂得时间价值的话，上面罗列的所有问题都将一一得到解决。

“现在应该做什么？要时常想着这一问题。”

“时间就是裹住我们的包装纸。名为时间的包装纸脱落时，你可以立刻知道，你的一天是怎样度过的。”

“如果让你列出今天一定要做的三件事，都有什么呢？”

“不必为未来烦恼。因为我们度过的每一个今天累积起来，就成为了未来。”

“如果你今天学到了什么，那明天就可以学以致用了。”

“谁也不可能一下子都做到，今天做一个，明天才能做两个，明天做两个，后天才能做三个。”

“你可以干，也可以不干，但时间很勤快，从不会停歇。”

“时间可以说是能投进所有自动售货机的万能硬币。能取出什么，取决于你度过了怎样的时间。”

“我们不经意间溜走的时间，会径直奔向未来，去准备不幸的事情。”

“现在再努力一点点，睡觉时就可以更幸福地入睡。”

“如果不花时间把果壳儿剥掉，就不能把果实放入口中。”

“要知道最重要的事情是什么，才有足够时间去做第二重要的事。”

“多节省一点时间，就能完成更多的事情！”

“你不主宰时间，以后就会被时间拖着走。”

所有人都是在意识到自己拥有的时间有多么宝贵的那一瞬间改变之前的生活态度的。今天是你有史以来最老的一天，相反，它也是你余生中最年轻的一天。想法不同，对待生活的态度也能变得如此不同。孩子也一样。等孩子认识到时间的价值，那么学习、人际关系、智慧和创造力等方面出现的所有问题都能发生改变。当孩子懂得了1秒的价值，从那时起，一分一秒都不会浪费。

小学生需要的不是学习方法，而是“解决问题的方法”

您是不是因为学习问题，正在跟孩子说这些话？

“你坐 1 小时有什么用，连 10 分钟注意力也集中不了！”

“你的成绩不该这么差！”

“就知道玩游戏，什么时候学习！”

“连题都读错了。为什么老是犯这种错误！”

“你会的题为什么还做错！”

“非得我吼你，才知道学习！”

为什么总是会对孩子这样唠叨呢？首先要考虑根本性原因。其理由是，对于小学生来说，需要的不是学习方法，而是“解决问题的方法”。上中学以后，学习方法可能很重要。但在小学时期，重要的是在不断试错的过程中找到属于自己的学习方式。为此，最好告诉孩子解决问题的方法。

这时要记住 3 点，让孩子知道“解决问题的方法”。

①所有问题都可以自己解决。

②学习最终会成为我人生的力量。

③我是为了帮自己而学习。

如果您正在因为孩子的学习问题而苦恼的话，请在亲子对话中自然地分享我下面要介绍的几个短句。这几句话里蕴含着上述 3 点的精髓。如果觉得难为情，可以每天抽出 10 分钟时间，和孩子一起朗读并抄写。也可以把手写或打印出来的纸张贴在孩子经常看到的地方。那么，学习问题带来的所有苦恼将逐个得到解决。

“一句小小的玩笑里蕴含着那个人所有的知识。”

“学习就像搭积木。把一点一点的努力都积攒起来，才能成为完整的作品。”

“世界上没有解决不了的问题，只有解决不了问题的人。”

“不要抱怨时间只剩下 1 分钟，而是要找出 1 分钟内可以做到的事情。”

“学习被装在名为人的袋子里，照亮人的内心世界。”

“认为一切皆有可能的人和认为一切都不可能的人，谁能过更有价值的人生呢？”

“不是说制订了计划就都能实现，但制订计划仍然很重要，起码是开始做某件事情的证明。”

“今天的事情不要推到明天。因为明天还有明天要做的事情。”

对父母来说，学习是改变孩子人生的希望。但不管怎么说，这都是站在不用亲自学习的父母的立场上。相反，对于作为当事人的孩子来说，学习是痛苦。对这种差异的理解是非常重要的。学习是连大人都觉得难的事情，孩子现在不仅在做这件事情，而且还被要求比别人学得更好。这时候，学习动机起着非常重要的作用。因为通过动机，孩子可以自己寻找解决问题的方法，再用这一方法完成可以伴随自己一生的学习方法，养成学习习惯。

因为孩子的所有问题都与其他各种问题交织在一起，所以就算累也要不停歇地、一点一点地解决。每个孩子都会从心爱的人身上学到最有价值的东西。你给孩子爱，孩子就会从你身上学到最珍贵的东西。

“因为我们很爱很爱孩子，

爱到能够战胜任何迷茫的现实。”

何时可以给孩子买智能手机

这是广大家长朋友最常问的问题之一。对于刚刚开始学习的孩子来说，智能手机是很大的绊脚石，当父母的当然不想给孩子买，但从现实角度来讲，学习也会需要手机。我觉得家长挺可怜的，因为连这样琐碎的问题都要问别人。我可以明确地说，决定这一时机的标准就是能对下面这个问题做出非常肯定的回答的时候：

“父母能否给孩子制定规则，向孩子提出培养自制力的方法，父母是否能与孩子一起实践并控制欲望？”

一定要对孩子进行正确使用手机的教育。因为一旦过度沉迷于智能手机，孩子就会失去自制力，不受控地做出粗暴的行为。上瘾到放弃睡眠，对父母纠缠不休，行为举止也自然变得粗鲁。因为一整天都在想玩手机，所以无法过正常的生活。这时候重要的是思想的转变。要摆脱“问题在于手机上”的想法，把重点放在提升孩子对新鲜事物的好奇心上，这样才能想出好办法。

好办法就是制定实践规则，让孩子自己保持克制。还有，让孩子亲手写一个“计划书”，里面要包含每天玩多长时间、怎么玩等内容。当然，这个“计划书”要孩子自己写才能期待效果。

1.单次使用时间不超过20分钟。

如果孩子看视频、玩游戏的时间单次超过20分钟，那可能就不是“专注”，而是“上瘾”了。如果不想测试孩子的自控力，一定要遵守这个时间。

2.建议一天使用两次，总时长控制在40分钟以内。

收看教育性内容也是一样的。如果一天之中，看教育内容的时间超过40分钟，教育意义将荡然无存，只会加重孩子对手机的依赖。

孩子在写“计划书”之前，父母要先问孩子3个问题。

1.一天中什么时候用智能手机？

让孩子制定一周的智能手机使用时间表，记录准确的使用时间。孩子每天去学校或补习班的日程不一样，所以这些因素都要考虑进去。

2.打算用手机做什么？

这时候一定要具体写下来用手机做什么。如果孩子不遵守使用时间和用途会很难办，所以一定要让孩子写清楚。

3.制定这样的规则怎么样？

父母可以以提问的方式建议孩子把必需的使用规则加进去。例如，可以建议“就算今天没有用满 40 分钟，也不能把剩下的时间挪到明天继续用。相反，也不能预借明天的时间，今天玩 40 分钟以上”。

和孩子一起把所有内容都写在纸上，贴在家中显眼的地方就可以了。而且，每当孩子忘掉自己所写的“计划书”时，可以跟孩子一起朗读，帮助他重新记起来。想要玩手机的欲望越大，孩子就越会找各种借口，试图改变或违反规则。这样一来，学习习惯就会被打破，也无法培养自己管理时间的能力。一定要留意这一点，要记住，在一开始制订计划时就要制定“毫无漏洞的原则”。

不要大喊“现在停止玩游戏”，而是用言语让孩子主动放下游戏

以前爱读书、能乖乖学习的孩子突然开始不听话，不是长时间观看视频，就是一直玩游戏，父母肯定心急如焚。“这样下去这个孩子是不是毁了？”“我一直以来的教育方式是不是错得离谱？”这种绝望感油然而生。但如果从孩子手中抢走手机，或是强制禁止孩子玩游戏，问题就能得到解决吗？

设想一下，被抢走手机的孩子坐在书桌前会好好读书吗？能学得进去吗？应该是很难的。因为此时的他满脑子都是游戏。

“等妈妈出去了，要赶紧拿手机来玩游戏。”

“怎样才能偷偷地看手机呢？”

“自己每天都捧着个手机，凭什么说我！”

再加上，孩子还会自责没能管住自己，没做自己该做的事情。一无所获，亲子关系剑拔弩张，可以说是最糟糕的结果。

抢手机、藏手机等最简单粗暴的行为，永远不是好的解决方法。最好是把手机放在孩子旁边，让孩子自己控制玩手机的欲望，合理地使用手机。觉得我是异想天开？不是的，父母的一句话完全可以让孩子做到。

孩子之所以不能控制自己玩手机的欲望，或是无法完成自己该做的事情，是因为从未做过类似的尝试。在父母的控制和束缚下长大的孩子不知自由为何物，这样就无法知道什么是责任。不懂得责任会发生什么事情呢？是的，那就是不会从自己的失误中得到启发。父母的掌控会让孩子本应该拥有的很多东西都消失。但正如前面所说，一句话就能改变这一切。

“从学校回来后，最先应该做什么？”

从学校回来后孩子要做的事情很多。但沉迷于游戏的孩子总是把该做的事情往后推。结果就是睡得很晚，或是完不成作业，其他该做的事情也做不好。在这个过程中，孩子也会感到自责。为了切断这种恶性循环的链条，需要的就是上面那句话。

父母可以通过这一提问循循善诱，劝导孩子先做作业或先读书，剩下的时间再玩游戏。有些父母可能会产生这种不安的心理。

“剩下的大把时间只玩游戏怎么办？”

“不会马马虎虎地把作业写完，只看手机吧？”

但这些担忧都是因为没有真正地尝试过才产生的。如果父母不控制、不压迫孩子的意志，而是帮助孩子适应变化，孩子就可以通过内在的正能量自己领悟到控制欲望的方法。

听完父母的这句话后，孩子的内心想法是这样的：

“今天的作业要做 1 小时左右。把作业写完之后，可以玩 30 分钟的游戏。”

“看手机的时间太长，就没有足够的时间读书了。我得先看书，如果时间还剩下的话再看手机。”

如果父母用一句话帮助孩子控制、改变日常生活，就会遇到奇迹般的现实。也就是说，再也不用说下面这些说过无数次的话了：

“都说了让你不要再玩游戏，去做作业！”

“你再看视频，就把手机给你扔掉！”

虽然父母从未说过不让孩子玩手机，但是孩子为了做自己该做的事情，会适当地控制自己的欲望。不是因为有人强迫，而是孩子用自己的意志命令自己不要做。

过度使用手机是个大问题。但是问题大并不意味着解决的方法复杂。要知道，所有的解决方法往往都在于一句话。所有的问题都是可以用语言来解决的。

第六天

不会写作的孩子学习也学不好

写作之所以与学习相关联，是因为写文章的过程和学习的过程是一样的。我们把进行思考、提问后理解的东西通过文字这一工具展现出来。学习也是通过同样的过程实现的。如果写不出文章，学习也很难学好。观察周边可以发现一个事实，那就是，学习成绩在中等以上的孩子大部分写作能力都很强。因为孩子可以边写边学。

孩子从小就要开始写作。如果孩子觉得写作很难，可以让他更广义地理解写作这一概念。父母可以通过下面的话让孩子轻松、简单地看待写作这件事情。建议父母和孩子一起朗读、抄写下面几句话：

“为了写出文章而坐着也是写作。”

“为了写出文章而进行思考也是写作。”

“写不好也没有关系，反正写作是一辈子的事情。”

为了获得灵感而外出散步，谈论关于写作的话题，拿着铅笔想写点什么，这些都是写作的行为。另外，要让孩子在日常生活中感受到写作并不是一件难事。下面这种斥责孩子的教育方式真的很不好：

“你写了多少？快拿来给我看看！”

“让你写作文你不写，整天就知道胡思乱想！”

“你写的作文能有多好。”

就像被硬逼着读书没有什么效果一样，硬写的作文也是如此。请让孩子听到“写作”这个词时，内心是平静的。心静下来了，就会主动开始写了。例如，孩子为了写作在书桌前坐了10分钟，却没能在纸上写出一个字时，父母可以对孩子这样说，让孩子的内心变得踏实：

“为了写出文章你足足坐了10分钟啊，进行思考这一事实本身就代表你已经是个作家了。”

“一直不断地思考，终能写出文章。因为作家是不断思考的人。”

请让孩子觉得写作、作家等这些词并非遥不可及，而是离我们很近的存在，那么孩子就能把进行思考、提问后理解的东西写成漂亮的文字。同时还能让父母看到他们自主学习的样子。

第七天

经常告诉孩子一些有助于他认识到学习价值的事

我要给大家讲一个短小精悍的故事。这个故事是关于我奶奶的。她喜欢主动挑战，并特别重视通过挑战获得领悟的过程。曾经，她就用一段话让我领悟了学习的价值。究竟是什么样的一段话呢？

那时我上小学，奶奶家附近有一所大学。有一天，我和奶奶一起坐公交车，这时正好有一个背着那所大学书包的大学生上了公交车。

我没有多想，继续坐在座位上，这时奶奶突然站起来给那个大学生让了座。大学生满脸的不可思议，奶奶云淡风轻地对他说："这位学生，学习很辛苦吧？我现在是想休息就休息、除了吃喝玩乐、没别的事的老人了。但你又要学习又要读书，所以你就舒舒服服地坐这儿看会儿书吧。”

当时我感受到了从未有过的触动。无论是学校还是周边的人都只告诉我们“给老人让座的孩子才是乖孩子”。奶奶给大学生让座这件事本身让当时的我感觉特别震撼。

奶奶的这段话和行为让我有了以下几点珍贵的感悟。

①学习、读书是很珍贵的事情。

②我们要帮助想要学习的人。

③啊，我也想成为像奶奶那样帅气的人。

④现在我能做的事情是什么?

从那之后，我的生活发生了怎样的变化呢？估计大家都猜到了。我领悟到了读书的价值，也明白了写作和思考的时间对我来说是多么珍贵。每天写日记记录自己想法的习惯也是从那时形成的。得益于这个习惯，我家里至今还有 30 多本当年写的日记。

孩子也在观察着各位家长，这意味着什么呢？做父母的你在这一瞬间给孩子讲什么，决定了孩子可以从中学到什么，领悟到什么。而且，懂得学习价值的孩子为了把这个时间完全变成自己的，会开始系统地学习。

机会每天都有，没能抓住机会的理由是父母没能对孩子说出恰如其分的话。我来介绍可以让孩子认识到学习价值的 3 种话。请用心说给孩子听：

“知道越多，看到就越多。”

“学习的人是不会感觉到累的，因为越学越能成为更优秀的人。”

“起初是我们决定学什么，后来是我们学习的东西造就我们。”

不管再怎么强调读书，孩子也不会读书；再怎么强调主导性和学习，孩子也不会自己挑战和领悟。不是让孩子做，孩子就会做，而是父母要用语言展现出不得不做的价值，孩子才会主动学。

第八天

孩子不会写“感想”时，父母适合使用的提问法

我以音乐会观后感举例，来简单地说明一下，父母怎样用语言改变孩子。相信大家上小学时应该都写过音乐会观后感的作业吧？当时的心情如何？我至今还记得，理由很简单，因为当时的想法只有迷茫。

“到底该怎么写啊？”

“不知道其他同学都写了哪些内容？”

“是不是只有我一个人写得不好？”

随着时间的流逝，音乐会的演奏者都不知道换了几次，但有一个事实始终没变，那就是孩子在音乐会后没有感想。过去我们

那一辈照抄的是教科书中关于作曲家的信息和门票上的信息。现在的孩子复制的是通过手机检索功能搜出来的作曲家的信息。更准确地说，过去是因为没有检索功能，再加上真的没什么内容可写，所以连门票上的各种信息也照搬过来了。现在想起来也是很丢人。

理由是什么呢？相信谁都能轻易猜到。古典音乐太难懂，再加上真不知道该写什么，要怎么写。一开始，每个孩子都想自己完成作业。但是，有时大人布置作业时说的话，可能会成为破坏孩子学习意志的原因。

“今天的作业是写音乐会观后感。”

真是不负责任的一句话。这句话就是明摆着让孩子进行搜索、复制。当父母要求孩子欣赏完这么高雅的艺术之后写出观后感时，可以这样对孩子说：

“去音乐会之前和看完音乐会之后，你的心情发生了怎样的变化？让我们用文字写出这一变化吧。”

这是问题的大前提。细节问题可以这样区分。如果孩子可以用下面 3 个提问组成文章的序论、本论、结论，就能更轻松地写出具有建设性的观后感。

①“去音乐会之前心情怎么样？”

②“欣赏音乐的时候，心情发生了怎样的变化？”

③“你觉得音乐对你的一天产生了什么影响？”

不错吧？如果孩子被问到这样的问题，肯定会立刻在脑海中回想起当时的情况，他会把这些有画面感的想法写下来。告诉大家一个小诀窍，家长可以让孩子在欣赏音乐会之前，就先读这些问题，手里拿着笔记本和铅笔，再开始欣赏音乐。这样才可以时时记录自己的所思、所想、所感，并感受到记录的价值和写作所具有的惊人力量。

这次我以音乐会为例，但其实其他作业也没有什么大的不同。因为这里最重要的点是，好好写作业。为什么要写作业，怎么写，如果父母能对孩子完美地解释这两个问题，孩子肯定能比昨天更好地完成作业。而每天都好好做作业的孩子就可以一点一点培养学习习惯了。

第九天

送孩子去普通幼儿园还是私立幼儿园

我们时时刻刻都要做选择，而且，并不是所有的选择都是明智的，有时明明知道肯定有比这更好的选择却又无可奈何，这一事实让父母备受煎熬。家里有一个会走路的孩子，父母的苦恼就开始了。

“送孩子去普通幼儿园，还是私立幼儿园？”

即使多花一点钱，也想做出对孩子有利的选择，这种迫切的心情有时会让我们更加痛苦。关于孩子教育的问题真是一个接着一个，没完没了，也很难找到正确的答案。但是有一个必须记住的最本质的内容，那就是教育中最坏的例子是拿孩子做下面这种假设。

“那个孩子怎么有那么好的生长环境？”

“那个孩子可真了不起，竟然能不知疲惫地一直学习！”

“真希望我家孩子也有锲而不舍、有始有终的那股劲儿。”

表面上看起来完美无缺的孩子，如果走近他，问他一些我们想知道的事，会发现很多时候他们的回答跟我们预想的不同。这些孩子和我们的孩子没什么两样。他们也不是因为喜欢才学习；也不是天天笑着生活；身处的环境也不是随时可以让他们集中精神的完美环境。只是因为住得远，而且不经常见面，所以看起来比自己家的孩子好，看起来拥有很好的条件。靠近他们，并长时间观察的话，就会发现大部分孩子都差不多。

我们时常苦恼的私教问题也没有什么不同。上更贵和设施更好的兴趣班固然不错，但任何时候都要清楚什么是“根本”。重要的不是学习的空间、环境、位置，而是孩子想要学习的意志和毫不动摇的态度。“想知道更多”，这种纯粹的学习态度很重要。一心求学的真挚态度会带给孩子珍贵的收获，但如果只以领先别人为目的而学习的话，那只不过是浪费时间和金钱的奢侈行为。就是这个细微的差异造就了孩子学习习惯的差异。

兴趣班虽然也起到重要的作用，但是对孩子的人生产生影响的所有智慧都是在家庭中形成的。孩子虽然经常忘记所学的知识，但如果让孩子亲眼看到学过的内容，他就会记起来，并在与父母一起实践的过程中加深理解。

“家庭是最棒的学校。

父母的言语和行为是任何东西都无法比拟的

为孩子准备的最精彩的教科书。

其实，你已经拥有了一切。”

第十天

日常生活中使用积极语言可以让孩子取得理想成绩

懂得主动学习且能取得理想成绩，在高考中获得接近满分成绩的孩子，他们的共同点是什么？而成绩逐渐下降或不主动学习的孩子的共同点是什么？分歧点出现在“遇到不会的问题时”。成绩稳步提高的孩子会想着“这个问题可以用什么方式解决”，不断进行挑战；但成绩逐渐下降的孩子则想着“这个问题我解决不了”，早早放弃。

没错。初高中以后成绩稳步提升的孩子的共同点是在日常生活中习惯性地使用积极语言，寻找自己的可能性。相反，成绩逐渐下降的孩子使用消极语言，寻找失败、放弃的理由。这是从家庭开始的。

“你什么时候整理玩具！小心我都给你扔了！”

“我都说了几次让你刷牙了！你是在考验妈妈的耐心吗？”

“爸爸说过不要玩手机吧！你说，你到底玩没玩！”

这些都是父母在日常生活中经常说的话。没错吧？经常说这些话来证明什么呢？是的，证明这些话没什么效果，不然也不会经常说。消极语言没有打动人的力量。只是孩子在那一瞬间迫于压力短暂地屈服而已。但是，积极语言为什么这么难说出口呢？

积极语言很难成为习惯。因为在我们嘴里，消极语言已经做好了随时出击的准备。说出最狠、最消极的话是非常容易的事情，甚至都不需要训练。孩子也一样。在碰到难题时，选择放弃，不继续挑战是最容易的事情，只要随口说出来就可以了。消极语言就这样逐渐毁掉我们的生活。

对我们的人生产生良好影响的积极语言需要多酝酿几遍才能真正说出来。积极语言不只是单纯地让人心情变好，如果孩子习惯性地使用积极语言，还能将这些好的技能装进内心。

① 凡事从不同角度多想几遍，思想变得越来越深刻。

② 具有洞察事物本质的眼光。

③ 获得从缺点中找出优点的智慧。

④ 总是能给人们提供好的信息。

⑤ 触类旁通，举一反三。

小学时期使用积极语言的孩子到了初高中之后成绩稳步提升的原因就在于此。下面我列出了几个把消极语言改成积极语言的事例。父母在日常生活中养成用积极语言替换消极语言的习惯，对孩子养成使用积极语言的习惯也有好处。仔细阅读就会再次发现“消极语言可以随口说出来，但积极语言需要多练习几遍才能说出口”的事实。请通过朗读和抄写养成习惯。

“这道题太难了。这种题我怎么解得出来啊！”

→“这个问题太难了，

看来得投入更多时间。”

“想玩手机，但还得做功课，怎么办好呢？”

→“用手机找找我需要的学习内容视频。

这样既能玩手机，还能做功课，

真是两全其美。”

“这本书里我不认识的单词太多了。

学习进度没想象中那么快。”

→“不认识的单词学就可以了。

可以一个单词一个单词学，边学边读。”

怎么样？感觉完全不同吧？诽谤、诋毁的话变成了正向信息，负面因素瞬间变成了积极因素。如果孩子建立了这种视角，那么这个孩子以后看到的世界就会和以前完全不一样了。他们只需瞧一眼，就能自然而然地领悟到世界的智慧；学到一个东西，就能领悟到其他领域的多个东西。父母使用积极语言，等于允许孩子拥有这样的人生。把上面介绍的事例抄写下来并进行朗读，只需做到这一点，就能拥有这种能力。

第十一天

父母为处于成长期的孩子打造终身学习头脑

为什么说孩子的成长期重要？因为这是决定孩子一切的黄金时间。在成长期，成长的不只是孩子的身高和体重，更有内心、人品、阅读理解能力等各种知性感觉、学习习惯、学习能力，学习头脑也急剧成长，变得越来越完美。

如果各位家长想把孩子培养成闻一知十，主动找到自己要学的东西去探索，通过思索发现想要的答案，完全不用担心未来的孩子，请通过朗读和抄写，和孩子一起分享下面几段话：

“如果你把自己感兴趣的事放在第一位，那么你就会知道自己需要什么，并想着去学习它。外界对此的叫法是‘自主学习’。”

“如果你想知道某个人学到了什么，看他的行动而非语言。最确切地证明某人学到了什么的依据是‘他在做什么’而不是‘他在说什么’。”

“完成辛苦的工作后获得的成就感，会让你享受到拿什么也换不来的喜悦。任何事情都要做到最后，这样我们才能感受到难以想象的幸福。”

“头痛欲裂、思绪混乱、感觉真的要放弃……出现这种软弱的想法时，请再挑战一次，你会得到你想要的。”

“我们通过学习，了解以前不知道的知识。但学习给予我们的更重要的领悟是，让我们准确地知道‘我现在不知道什么’。”

“学习的时间教给我们‘不断前进的力量’具有的价值和那一时间所蕴含的可能性。”

“学习是世界上最真诚的朋友。它绝对不会骗我，我投入多少时间，它就会成长多少。”

出生、成长的环境有时确实能支配一个人的人生。但是，通过父母的话语可以把成长期的不稳定环境变得美丽。只要相信孩子可以改变，那么各位家长都是有机会的。正是您的语言决定着这个机会的结果。

阅读这本书的各位家长虽然生活在不同的空间，但有一个完全一致的地方，那就是一年 365 天、一天 24 小时都在寻找能对孩子产生助益的方法。其实，孩子的心情跟父母是一样的。父母和孩子互相为对方着想，想把美好的东西献给所爱之人，向他们表达自己的情感，说动听的话，这些心意聚集在一起，将开启世界上最美丽的学习之旅。

第五章

11 天对话，培养思考能力和理解能力

提高4～7岁孩子思考能力的三阶段对话法

大家耳熟能详的达·芬奇、牛顿、莎士比亚、歌德、米开朗基罗、爱因斯坦等凭借高阶思维能力创造伟大业绩的名人都有一个共同点，那就是接受过下面的教育：

“在看似与昨日别无二致的日常生活中，找出许多不同点和共同点，并得出自己对此的最终想法。”

世界上存在的所有创造物最终都是通过这三阶段过程形成的。从一开始就拥有高智商的孩子并不多，只是他们从小就通过将对象分离、结合的过程，尝试着以自己的方式完成，从而提高思维能力。此时，父母的作用显得尤为重要。因为父母在日常生活中要经常给孩子讲可以培养孩子视角的话。这绝对不是一件难事，只要记住以下三点即可。

1.找出不同点。

“看出有什么不同吗？”

2.找出共同点。

“共同点是什么呢？”

3.寻找只属于自己的想法。

“所以你有什么想法？”

为什么偏偏在孩子 4 ～ 7 岁时，对孩子进行语言刺激最重要呢？因为 4 ～ 7 岁是连接大脑神经细胞的突触增加的时候。简而言之，神经细胞必须相互连接才能激活其功能，而神经连接网必须受到刺激才能形成。如果不给予刺激，大脑发育就会变得缓慢，无法达到想要的水平。

重要的不是一味地长时间待在孩子身边。比起时间，更重要的是对话的质量。就算 24 小时都待在一起，但如果对孩子的思维没有起到丝毫的激发作用，就没有什么意义。相反，就算只跟孩子待了 30 分钟，但父母通过上面介绍的三阶段对话法激发了孩子的思维，那就创造了 24 小时以上的价值。一旦开始，就一定会有变化。可以参考下面的事例，在日常生活中加以应用。

1.找出不同点。

“昨天的小菜和今天的小菜有什么不同？”

“汽车上有但自行车上没有的东西是什么？”

“上次做的玩具和今天做的玩具有什么不同？”

2.找出共同点。

“你昨天穿的衣服和今天穿的衣服有什么共同点？”

“制作玩具和玩游戏时，你的心情是怎样的？”

“汽车和自行车上都有的东西是什么？”

3.寻找只属于自己的想法。

“每天吃也不会腻的小菜是什么？为什么喜欢那个小菜？”

“你喜欢哪件衣服？为什么那么想？”

“如果去附近餐厅的话，你是骑自行车去？还是坐车去？为什么那么选择？”

最终，对智力和思维能力的发展来说，重要的是用语言沟通、分享的连续反应。孩子会在日常生活的方方面面表现出自己的反应，但有的孩子就是一点反应也没有。

“我的孩子为什么看见任何东西都没有反应呢？”

“孩子好像对新鲜事物完全没有感觉。”

“孩子对细微的差异完全没有察觉。”

如果家长有这方面的担忧，可以按照我上面介绍的方法，改变与孩子的对话。

孩子总是拼写错误，怎么办

如果孩子老是出现拼写错误的问题，有一个好办法。与其一个字词一个字词、一个单词一个单词地纠正，不如让孩子经常朗读和抄写正确的文章，让孩子滚瓜烂熟地记住正确的文章。爱出错的部分就算教几遍也还是会错。有的父母可能会想，反复教反复教，总会学明白吧。但事实真的是这样吗？有的词汇易错又难懂，有时连大人都会搞错。如果一遍又一遍地纠正孩子，父母和孩子都会感到疲惫。孩子每天出错每天挨骂，又很难受，而父母看到孩子反复失误也会变得烦躁。

大家可以和孩子一起将易错的部分总结出来，然后朗读和抄写。要记住，重要的不是强度，而是“频度”。每天都要定时地接触正确的词句。每天投资 10 分钟，仅需 6 个月就能看到显著的效果。在此基础上，再给孩子多讲讲下面的这些话，不但可以减轻他们对拼写错误的负担，还能让他们成为努力让自己变得更好的孩子。

“谁都有可能写错，但我们可以一直写着看，熟悉了之后就会有所改善。”

“经常抄写优美的文章，这样就可以自然而然地写对了。”

“写了，就有可能写错。错了也要继续写下去。我们不能忘了更重要的价值。”

父母希望孩子不出错，做到完美。但正是父母的这种心理让孩子连尝试都不敢。只有父母转变思想，孩子才会动手去写，才能主动学习。

“没有从一开始就不失误、完美地做到的方法。
但是反复尝试的话，失误自然会减少，
并通过这种方式完美地形成自己的方法。”

第三天

代替"棒棒哒""敲好吃""汗""绝绝子"的表达方式，可以改变孩子的生活

标题中的 4 个词是孩子经常使用的网络用词。这些话会对孩子的生活产生什么影响呢？无论吃了什么美食，去了哪个地方，见了谁，听到了哪些话，都用"棒棒哒"这个词概括了数千种感觉。

孩子这样表述后，我们无法知道他们看了什么、吃了什么。因为这些都不是表达想法和感觉的用语。吃了 100 种不同的食物，却只用一句"敲好吃"来表达。明明提供了 100 种食物，但听了孩子的表述后，我们根本不知道孩子吃了什么。这些词语是典型的令人停止思考的表述。因为它可以让你不用具体思考自己的想法和感受。好像有人在孩子的耳边小声说："你不用想，我来替

你想。”

有些父母可能会说：

“语言也要与时俱进啊！”“我们那时候也用过类似的词啊！”

说的也对。但也可以换个角度想。语言也要紧跟时代潮流，与时俱进，这固然很好，但如果这些词让孩子停止思考，那对他的人生肯定是不好的吧。人类是用语言来表达自己的所见所感，并通过这一方式培养思考力量的。如果孩子什么都不想的话，那就很难期待他们身上会有创造力和想象力。

但也没法一下子改变孩子的用词习惯。毕竟戒掉网络热词，比想象中要难。这时，可以用的是“美妙”这个词。“美妙”一词虽然无法立刻改变孩子的表达能力，但能让孩子产生这种想法：

“啊，我也想独特地表现我内心的感受。”

这是很重要的一个点。开始使用“美妙”这个词的孩子很快就会对自己的表述有期待了。有的父母也会有疑问，别的孩子都用流行语或是新造词，就我家孩子不用，会不会跟其他孩子格格不入。但是，接触过高阶词汇的孩子的想法已经发生了变化。

如果不相信，各位家长可以亲自读一下“美妙”这个词。

“哇，这个玩偶的设计很美妙。”

“今天吃的食物，味道很美妙。”

“刚刚你说的话语很美妙。”

“你穿上那件衣服的感觉特别美妙，周围的一切都在闪闪发光。”

我们周边的环境是不会轻易改变的，这是需要时间和努力的事情。但语言可以瞬间改变我们的心情和日常生活。现在就用“美妙”这个词尝试改变吧。已经有很多家庭进行了实践，相信大家也可以做到。美妙的一天，就从现在开始吧。

7岁之前告诉孩子可以培养数学思维能力的话

随着年级越高，越来越多的孩子选择放弃学习数学，真是令人遗憾的事情。所有科目都很重要，孩子却选择放弃其中一个科目，做出这一决定的孩子的心该多痛、多难受呢？

放弃数学对学习成绩或是分数产生的影响暂且不提，而是作为一个人，这是非常重要的问题。如果不想带给孩子这种痛苦，父母先要改变看待数学的视角。下面这样的公式要从脑海里彻底删除。

思维能力＝学习

孩子的思维能力不是通过学习或是背诵什么东西来培养的。能力的获得在于“态度”。孩子主动改变看待周围的态度时，会拥有与以前完全不同的思维能力。

未满 7 岁的孩子主要通过体验成功、感受成就来培养思维能力。这时，如果父母在日常的各个时间点给孩子讲下面 7 种话，可以创新性地改变孩子观察、认识周边事物的态度：

“想得深入一点，可以发现其他有意思的事实。”

“今天我们来找找周围跟 3 有关的东西吧！”

“当你问‘为什么’时，我会更加期待明天。因为这证明你正在寻找着什么。”

“反复练习就会变得熟练，自然而然就会想到创意性的方法。”

“想要找到需要的东西，得有细致的观察力。”

“作家是在日常生活中发现灵感的人，数学家是在自然中发现公式的人。只要愿意发现，就没有什么实现不了的。”

“心存相信，总会找到。”

快速背诵九九乘法表、迅速掌握数学公式等，这些跟数学思维能力没有任何关系。孩子现在也在通过改变日常生活中看待世界的态度，培养思维能力。重要的是，谁更快、更自发地具备这种态度。

孩子可以通过父母的语言了解周边发生事情的前后关系，并通过观察和分析，制订自己的战略，并在此过程中，自然而然地培养数学思维能力。

对4～7岁孩子的情绪和智力成长有帮助的7句话

孩子成长的所有瞬间都很重要，但为什么要特别强调4～7岁这一时期呢？是因为这一时期集中决定了一个人“情绪的纹理”以及“理性的方向和深度”。如果这一时期经常对孩子说能够引领成长的话，孩子也会自然地接受这些话，创造属于自己的美好时间。每天一有时间就用温暖的声音给孩子讲下面7种话吧：

“世界上最有力气的人，不是用武力战胜别人的人，而是执着地完成一件事的、内心坚强的人。”

“你的存在本身就已经让我很开心了。不必特意成为别的什么，你现在这样就很好。”

“偶尔可以发火，也可以耍赖。重要的是，不能光大喊大叫，而是要用语言来说明。”

“有些事情需要10年去完成，但也有只需1分钟就可以完成的事情。不要抱怨只剩下1分钟时间，直接去做这些事情就可以。”

“思想的宽广与否决定成就的大小。只要你敢想，就能做到。你的想法就是你的潜力。”

“只要你不允许，谁也不能说你失败了。因为我们随时都可以重新开始。”

“恶言恶行，最伤你自己。愤怒解决不了任何问题。时常说好听的话，美好的未来就会到来。”

上面介绍的就是有助于孩子的情绪和智力发展的7种话。有些话可能有点儿晦涩难懂，但还是要经常讲给孩子听。即便他开始听不懂，听着听着就熟悉了，久而久之，就会变成自己的想法，形成喜欢观察周围的态度。

父母和孩子一起分享同一句话，是多么美妙的事情。大家共度时光的场景，比一幅风景画更赏心悦目。请最大限度地享受这一美好时光吧。

与其说“你读过整本书吗？”不如这样说……

父母都会劝孩子多读书，但有些父母在孩子没有任何背景知识的情况下，扔给孩子一本书，让他去读。孩子真的能读懂吗?

孩子只是像个机器一样照着字读而已。如果这是各位家长想要的，那就等于是将自己的孩子养成不会思考的愚笨之人。要对孩子进行有效的教育，孩子哪怕只读一行，也能自主思考。

“读完了吗？”这句话是只强调结果的话。孩子为了回答“是的，读完了”，中途都不会停，快速翻到最后一页。在此过程中，他没有时间产生任何想法或感觉。因为他读书的目的只是为了读完。

如果换个问题，父母这样问会怎样?

“如果你想停顿，你会选择在哪儿停顿？”

还可以连续提问，有效地激发孩子的思想。

“是什么感受让你停下来的？”

“在停下来的那一刻，你有什么想法？”

“如何把在那一刻感受到的东西运用到你的生活中？”

学习的价值不是在结果，而是集中在过程中。在读书时，孩子也可以通过父母的语言了解其价值。给孩子讲下面这些话，就能给孩子传达学习和读书的新价值：

“一口气读完了整本书，意味着没有提出任何问题。”

“读书破万卷虽然也很重要，但更重要的是，把一本书读100遍。”

“看书时，碰到最有趣的部分，可以合上书，做这种想象：‘如果我是作者，下面要怎么写？’”

“如果对同一本书有不同的感悟，我们就能学到别人不知道的新的角度。”

怎么样？只是想象我的孩子能听到这样的话，心情就会变好吧。孩子听到这些话所遇见的世界是与从前不同的。现在就让孩子开始读书吧。不问结果，只重过程，这才是真的对孩子有帮助的读书，也是真正的学习的开始。

家长说的不利于孩子思维发展的5句话

以前曾有过这样的事情，因为有研究结果表明，古典音乐有利于孩子的大脑发育，结果有孩子的家里兴起了“古典音乐热”，都给孩子听古典音乐。每当我介绍有助于孩子的成长发育的好词好句时，总有一些家长会有疑问：“我家孩子能理解这句话吗？”“他能听懂这句话的意思吗？”我想反问这些家长：“那古典音乐孩子就能听懂吗？”

不仅仅是古典音乐，博物馆和美术馆的作品孩子都能看懂吗？不能。那父母为什么还要带着孩子去欣赏美的音乐和艺术作品？因为孩子会在不知不觉中吸收它，将其作为自己成长的养料。如果孩子只看、只听自己能理解的东西，那他的成长必然缓慢，无法摆脱局限。

大脑不是一辈子都在发育。出生后急剧成长的大脑到了 7 岁以后，成长的速度就会变得缓慢。就像给孩子听美的音乐一样，要趁孩子小的时候，多让他接触好词好句，这样有利于他的大脑成长。

金钱不是永恒的，它可能会消失，但语言无法轻易积累，也不会随便消失。语言的力量就是让家庭和孩子成长的决定性资本。

从小听父母慈祥、亲切的话语长大的孩子，情绪非常稳定，做事沉稳，即使自己也能过着幸福的生活。当然，学习也是以稳定的情绪完成的。这是理所当然的结果。

其实，我们换一种说法，孩子的大脑“随”父母。尤其是对抗压能力弱的孩子来说，最需要的是情绪稳定的父母。只有这样，他才能相信和依靠父母，创造属于自己的每一天。

对孩子的思维发育最不好的表述大致可分为 5 种。

① 不行！

② 走开！

③ 不要做！

④ 不可能！

⑤ 小心挨训！

带有这种表述的话一律要谨慎使用。因为这些话不仅否定了所有的可能性，还不允许孩子进行挑战，所以会对孩子的情绪和大脑产生不良影响。父母可以把上面的表述换成好听的语句，说给孩子听。

1.不行！

→“我们找找可行的方法吧。”

“换种方式试试吧。”

2.走开！

→“只要再谨慎一点，你也能做到。”

“要不要跟妈妈一起做？”

3.不要做！

→“我们一起来挑战吧。”

“想要尝试的态度真的很棒。”

4.不可能！

→“只要挑战，肯定能做到。”

“不管什么事情，刚开始时都觉得不可能做到。”

5.小心挨训！

→“出错了也没关系。你仍是我最珍贵的宝贝。”

“非常好。错过几次后，变得越来越好了。”

父母的所有语言都是培养孩子的情绪和大脑思维的种子。父母的语言是世界上最芬芳的种子，它可以让孩子人生中最珍贵的东西得以盛放。请用温暖的爱让这颗种子开花结果吧。

第八天

为什么需要向孩子生动地传达读解能力的价值

曾经在网络上有一段对话真是让人大开眼界：

“深深的歉意？深深是谁！”

“好搞笑。难道还有浅浅的歉意？”

这种哭笑不得的情况比比皆是。对方夸孩子“理智”，孩子却理解成“弱智”，愤怒地表示对方在无视自己。相反，听到别人说他“认死理儿”时，还以为是在夸他“明事理”。媒体在报道这些话题时，会把原因归咎于网络的荒诞和人们阅读理解能力的下降。这种说法当然也有道理，但我们忽略了一个更重要的问题。

即使再怎么告诉孩子“三四天不等于七天”，孩子也不能用自己的方式进行应用。本质性的问题不是孩子知不知道这一点，而是能不能灵活地加以运用。这一问题为什么重要呢？因为运用的力量不是仅限于运用学到的知识，它还有“不学自通”的力量。

文化读解能力不是背诵决定的。也就是说，仅靠多读书、背诵单词含义是不能解决这一问题的。

文化读解能力的价值大致分为3种。

① 将图像、空间、信息转换成文字记在心里的能力。

② 即使没有学，也能通过各种想法和猜测自我领悟的能力。

③ 把现在学到的一个知识与过去学到的知识联系起来，创造新世界的能力。

相反，文化读解能力强的孩子可以多方面理解书中的内容，并运用到日常生活中的任何地方，每天都在成长。读100本书，并通过背诵书中内容掌握的知识是没有力量的。现在我们的孩子需要的是把一种知识跟另一种知识联系起来，然后创造新事物的能力。

为什么要具备文化读解能力？主动思考这一问题并了解其价值的孩子不会中途放弃。

第九天

文化读解能力强的孩子经常从父母那里听到的14句话

虽然也有天生具有文化读解能力的孩子，但除了这特殊的少量孩子外，大部分孩子的文化读解能力都是后天培养的。其中起到决定性作用的是父母在日常生活中讲给孩子的话。

有些孩子只要读个片段就能自然而然地以自己的方式理解，并推理出大部分文章。他们有什么秘密呢？如果各位家长的孩子看书看不了5行以上，只在看到智能手机的小短文和刺激眼球的视频时才感到兴奋的话，父母要经常给孩子讲下面的话：

“不管是什么，只要集中精神观察，就能发现看不见的东西。”

“如果有想要的东西，就带着自信开始吧。”

“像读书一样‘读’一下周围吧。名为‘日常生活’这本书中也有很多好的东西。”

“反复思考很多次，就能发现之前不知道的意义。”

“世界上没有不闪耀的星星。所有人都在各自的位置上发着光。”

“不要因为意见不同而担心，因为有不同的看法很正常。”

“像看花一样看人，就能从所有人身上感受到香气。”

“新的事情不是发生的，而是你自己寻找出来的。”

“戴上眼镜，世界就会变得清晰。用名为细心的眼镜看世界，你会看到一些你至今没有发现的东西。”

“拼写错误也没关系，不用担心，因为把想法变成文字是一件更伟大的事情。”

“快速到达固然很好，但也需要中途停下来的勇气。”

“不要想着一定要做好，继续做下去本身就是一件不错的事情。”

“虽然现在还有点生疏，但也要堂堂正正地说出你的想法。”

“每当看到什么东西的时候，都问一句‘有什么区别呢？’就能找到属于你的答案。”

如果父母的话唤醒了孩子的想法，他就能以崭新的视角看待世界，拥有属于自己的明确的视角。父母为了培养孩子的文化读解能力去读 100 本书固然很好，但能发现一本可以读 100 遍的书也很重要。

“不要学习，要发现。”“不要寻找，要渗透。”“不要惊讶，要惊叹。”

请仔细阅读这三句话。如果不能轻易理解，可以每天抽出一点时间来思考。从理解这三句话的那一刻起，大家口中说出的话就会和以前完全不一样了。如果能深入地好好看清楚，孩子的人生就会完全不同。

“文化读解能力就是生存能力。”

第十天

培养思考能力和理解能力的想象的力量

“想象不止于想象。想象力能创造现实。”

身处信息时代，想象力比任何时候都重要。因为你想象多少，就能提问多少、学习多少，并在现实中看到结果。

请与孩子一起朗读或抄写我下面介绍的几段话，或是在进行亲子对话时自然地分享。陷入想象世界中的孩子，他们的思考能力和理解能力会迅速发展。

“知识虽然重要，但想象也很重要。知识让你停留在现实中，想象会带你去只有你知道的世界。”

“现在也有好多新鲜事物，等着你召唤。我们只能用想象这一装置，把它们召唤到这里。”

“不想象就无法提问，不提问就不能探险，不探险就无法发现。”

“想象是来自实践的礼物，把知道的东西付诸实践，就能发现新的事实。”

“知识是谁学都能掌握的，但想象力是属于自己的。”

“你比自己想象的伟大，妈妈时刻期待从你嘴里说出的话。”

开始做某件事的人看起来很勇敢，但他们在决定开始之前，已经想象过上百次要怎么开始。因为一个人在没有确信之前是不会行动的。父母要跟孩子分享“不付出行动不是因为没有勇气”“想象得越多，越能感受到行动的价值”等事实。

第十一天

父母的“开放型表述”会打开孩子的思维

孩子有时每天都会闯祸。每天闯一祸，祸祸不一样。父母竭尽全力给孩子收拾烂摊子。问题是，父母在做这些事的时候不自觉地吐出的怨气，会让本应无限成长的孩子思维受到非常消极的影响。

“你又闯祸了！”

“为什么老是这样调皮！”

“我是不是说过，让你不要弄！”

怎么样？是不是任谁听了也高兴不起来？孩子可以从父母的语气中感受到情感。这种语气会威胁孩子，让他停止思考，同时也会让他充满恐惧。

“怎么办？我不会又挨训吧？”

“完蛋了。要躲到哪里呢？”

各位家长情急之下才口不择言，我当然能理解。但这时只要记住一点，谁都能轻易地说出得当的话。那就是，使用“开放型表述”，而不是“判决型表述”。判决型表述会让孩子的思考停滞，而开放型表述能让停滞的思考重新活跃起来。

来，让我们仔细地读一读并认真思考一下。“你又闯祸了”这句话听起来像是在说“你是一个只会闯祸的孩子”；“为什么老是这样调皮”这句话听起来像是在说“你是一个没有想法的孩子”；“我是不是说过，让你不要弄”这句话听起来像是在说“你现在应该受到惩罚”。这是因为这种表述听起来像法官在判决一样。同样的话，同样的意思，如果父母换个方式说，孩子就能感受到完全不同的情感。

“你又闯祸了！”

→“你是想做什么呢？”

“为什么老是这样调皮！”

→“很好奇你在想什么？”

“我是不是说过，让你不要弄！”

→“你对你的行为有什么看法？”

只要稍微改变一下说话方式，怨气就会消失，同时，可以鼓励孩子进行发展性的思考。通过抄写下面的句子，坚定决心，那么谁都可以轻易说出有利于孩子成长的语言。

“父母口中说出的所有语言都要积极激发孩子的思想。要让孩子自己寻找理由，要让孩子自己改变，这样孩子才能成为格局更大的人。最理想的教育是由父母的语言来完成的。”

如果父母不大声呵斥孩子，而是细致地询问孩子，他就能通过自主思考，成长为智慧的孩子。请通过开放型表述向孩子展示可能性吧。那么，孩子就会用自己的人生证明父母的做法是对的。

第六章

11 天对话，把孩子培养成活到老学到老的人

第一天

为什么对孩子使用“期待”这个词时要小心

只要今天过得比昨天好，就能期待更好的未来。如果站在父母的角度，也可以理解为，在父母的合理期待下长大的孩子会积极努力成为更好的自己。

但“期待”是需要谨慎使用的词语之一。因为父母对孩子抱有不适当的期待，反而会让他失去激情和自信心。父母表达对孩子的期待时，一定要记住 4 件事。

① 对孩子的成绩不抱期待。

② 不拿自己家的孩子和别人家的比较。

③ 不对孩子说父母自己听了也不高兴的话。

④ 不要将自己的期待转嫁给孩子。

例如下面这种方式就不可取：

“妈妈期待你这次的考试成绩能超过妈妈朋友的儿子。”

“知道爸爸妈妈在期待什么吧？如果是你肯定能做到。我会期待的！”

对孩子说表达期待的语句时，可以试试下面这些：

“这次也很期待你的选择，因为你着手去做的事情总是能实现。”

“很期待你打扫之后变得焕然一新的房间。”

“很期待你煮的拉面。一想到能吃到它，觉得好幸福。”

“今天在学校又会学到什么新知识呢？光是想想，就觉得很期待吧？”

“每当你动手做什么东西给我们看的时候，我们都饱含期待。”

“很期待这次你要读的书。书中会有哪些有趣的故事呢？”

“我们期待你的每一天。谢谢你能帅气地成长。”

像这样，父母用“期待”这个词表达细腻情感的话，孩子就会改变自己对待生活的态度。那孩子以后的人生会是什么样呢？人好像天生有一种魔力，跟他在一起，心情会莫名变好。感觉这个人做什么事情，都会有好结果，而且他身边都是好人和好消息，让人很羡慕。在同样的状况下，他们只关注更好的部分，全身心地投入到那一部分。孩子在学习的时候也是一样。对待学习产生积极态度，能拥有发现好东西的眼光和视角，这些东西不仅能给拥有它的人带来学习的快乐，还能让人拥有幸福的人生。

讲给因不想做作业而耍赖的孩子的话

“不要，我还想再看会儿手机。”

“我不想做作业，好烦！”

“不给我买玩具，我就不学。”

如果孩子耍赖，父母就会大声呵斥孩子。

“你到底什么时候学！”

“我说过，回家后先写作业！”

“天天就知道玩游戏！”

孩子耍脾气、不听话，父母看到孩子这个样子，气不打一处来，大声训斥孩子，孩子和父母的这种行为等于在互相使用暴力。结果，彼此心中只剩下愤怒和厌恶的情绪，那一瞬间也将成为记忆中最糟糕的一幕。孩子耍赖、闹脾气时，父母需要通过这样的提问转换想法。

孩子为什么会闹脾气？

孩子耍赖、不听话的理由是什么？

各位家长可以问自己这样的问题，那么就会明白一个事实。

“准确地说，孩子的执拗在父母看来是执拗，对于孩子来说，这是他想做的事。”

如果对孩子的想法感同身受，父母就会知道要选择什么样的语言。下面我介绍一下碰到上面的例子时，父母应该怎样说话。希望大家能多读几遍，变成自己的语言。

“你到底什么时候学！”

→“原来你是想多看会儿视频啊。但现在是该学习的时间。”

“我说过，回家后先写作业！”

→“刚放学回来，当然想要玩。我理解你的心情。但如果不先做作业的话，后面可能就没时间做完了。先写完作业，你也能放心玩。”

“天天就知道玩游戏！”

→“妈妈也喜欢玩游戏。但是沉迷游戏的话，有时会没时间去做真正该做的事情。不管是什么事，适可而止才是最重要的。”

孩子的成长和价值无法超越父母的语言水平。这也是各位家长这么努力学习“怎么说话”，努力变得比昨天更好的原因。面对因为不想做作业、不想去学校学习而耍赖的孩子，父母一味地进行训斥，这不是明智的选择。因为从孩子的角度来看，这反而是父母在跟自己耍赖。如果孩子继续耍脾气，父母要先反省一下自己的语言。

第三天

和孩子玩耍时，父母说什么话能让孩子感受到学习的快乐

和孩子一起共度时光，是一件美丽而伟大的事情。所谓育儿，就是对孩子进行精雕细琢，帮助孩子将内在的固有价值展现出来。尤其是和父母玩的时候，孩子的情绪、想象力、创造力、自尊感和社交性可以同时得到发展。这是最重要的事实。对孩子来说，玩耍不是在消磨时间，而是自己进行学习和领悟。

父母都想在适当的时候对孩子说出最大助益的话。但想要做到这一点，真的很不容易。明明是出于好意说出口的话，有时却会给孩子带来伤害。所以我整理了一些在和孩子一起玩时说给孩子听，可以让孩子感受到学习的快乐，还能让亲子时光变得更美好的语句。这些语句适合时不时地说给孩子听：

“一天之中最喜欢的就是和你一起玩的时光。因为你总是以意想不到的帅气表现，让妈妈大吃一惊。”

“如果想更多地了解世界，玩得开心也很重要。”

“今天玩什么好呢？你在想什么？爸爸对此总是很好奇，也很期待。”

“你可以通过游戏去实践在书中读到和学到的，因此玩耍的时间很宝贵。”

“即使是初次见面的朋友，只要在一起玩儿，就能彼此加深理解。”

“像这样，一边制作东西、画着画，一边玩的时间很重要，因为这是充满想象力的时刻。”

“玩也是有方法的。只要你认真地、快乐地玩耍，肯定能找到属于你的方法。”

“在玩的时候学到的东西忘不掉，因为那是你自己找到的。”

“当你感到心情疲惫的时候，最好停下手上的事情，认真地玩，快乐地玩，疲惫就会消失。”

“我觉得世界上最好的艺术作品是你微笑的脸庞，因为它总能给我带来快乐。”

让孩子把精力全放到自己身上，愉快地玩吧。孩子可以边玩边表达自己的想法，还能把所学知识应用到现实生活中，自己领悟到教科书上学不到的多领域的知识。玩耍时，孩子的世界里会发生无数的事情。通过这种方式获得的快乐和自信，会让孩子坚持做好每一件事情。

鸟有翅膀，孩子有游戏。如果说翅膀有让鸟飞翔的力量，那么可以让孩子在自己的世界中自由翱翔的力量就来自游戏。在玩的过程中，孩子领悟到自己的价值，将想象中的东西生动地展现在眼前进行观察。这是多么伟大的事情啊！为了让孩子充分享受玩耍的时间，父母要在身旁给孩子讲我上面列举的那些话。孩子能不能蜕变出一个更美丽的自己？请大家拭目以待吧。

第四天

法国小学供餐中为什么很少出现番茄酱

番茄酱是一种酸酸甜甜的调味酱，跟炸薯条等油炸食品很配。但为什么法国的小学在供餐时鲜少提供番茄酱呢？其理由很惊人，也很细心。

这是因为孩子的味觉尚未完全发育，如果他们经常吃酸甜味非常浓的番茄酱，就无法品尝出法国传统料理的细腻味道。所以法国的小学只在一周提供一次炸薯条的时候，搭配一点番茄酱。

我们生活中也有番茄酱一样的存在。没错。那就是听着就让人不舒服的刺激性语言。比起进入体内的番茄酱，被灵魂和内心吸收的语言更加危险。但因为这类语言肉眼看不见，也不会特意加以限制，还是会随意使用。父母会不以为然地表示“大家都这样啊”或是“别人也都在用啊”。殊不知，父母的刺激性语言会妨碍孩子的语言发育。

我们使用的语言就是展现我们水平的尺度。语言的局限即生活的局限，也是学习的局限。如果父母能给孩子讲更高级的语言，孩子就能知道更高层次的学习深度。方法并不难。如果要对孩子说更高级的语言，在进行亲子对话时要避开以下两种类型。

1.拿孩子的缺点和其他人的优点进行比较。

“你像那个孩子一样个子高该多好啊？”

“你太内向，不能像他那样大大方方地发言。以后上课时该怎么办啊！”

“如果你也像你朋友一样沉稳、冷静就好了。”

2.不认可孩子的想法，反而指责孩子。

“你的想法怎么这么古怪？”

“你觉得你说得像话吗？你就不能像个正常人一样地思考吗？”

“你的想法不怎么样，你就不能想得简单点吗？”

即便处于同样的状况，不同的人也可以用 3 种方法表达自己的想法。我们要尽力摆脱不好的语言，往更好的语言靠拢。

① 坏的语言。

② 好的语言。

③ 更好的语言。

现实当然是很难的。因为孩子正在通过各种媒体无差别地吸收语言。有时候听孩子之间的对话，都猜不出到底在说什么。他们泰然自若地使用刺激性语言，这些词让我这个成年人都疑惑“孩子可以使用这种表述吗”。孩子去学校或是补习班，在那里可以遇到各种孩子，于是也会跟着他们一起使用在家里不用的新造词、缩略词，甚至是脏话。

但不能因为现实如此，就把孩子置于这样残酷的环境而放任不管。孩子说出难听的话时，父母要提及语言的 3 个水平，要明确地告诉他那是最坏的语言。只有这样，孩子才能有意识地抵制坏的语言。只有认清坏的东西才能坚定意志、自行改变。这种经历在孩子的人生中非常重要。如果孩子能按自己的意志克制并组织想要使用的语言，那么他将无往不利。

一定要记住。

“坏的东西很容易让人沉沦，但想要拥有好的东西，则需要意志。”

父母对从学校回来的孩子这样说，可增强学习自信心

对孩子来说，学校和课外班是非常重要的场所。学习态度、沟通能力、品格和礼仪等，都是通过孩子接触这些场合慢慢被影响的。正因为如此，父母的这些话对孩子很不合适：

“今天学了什么？”

“有没有走神，安心听讲了吧？”

“别玩了，先写作业！”

“为了送你去课外班，我们有多辛苦！”

这种说话方式会让学校成为孩子不想去的地方。相反，如果父母能恰如其分地对孩子说可包容他的所有情绪和行为的话语，

孩子的所有能力都会逐渐得到提升。同时，孩子还能愉快地度过一天。请记住我下面介绍的话，并与孩子分享：

“今天有什么事情让你感到快乐？很好奇你的故事。”

“如果有让你不开心的事情，就忘掉。反正到了明天就记不起来了。”

“饿了吧？我给你好吃的零食。你觉得吃什么会让你更幸福？”

“‘我现在正在优秀地成长’，这样想的话，心情也会变好。最好每天都说给自己听。”

“今天比昨天更帅气（漂亮）了。只要看着你，我的心情也会变好。”

“即使今天有错误，每次犯不同的错误，也能得到不同的感悟。”

“每次看到从学校回来的你，我都感到很骄傲。因为你成长得这么优秀。”

“跟朋友都聊了什么？如果有印象深刻的事情，可以说来听听吗？”

“每天重复的事情积累起来，造就了你的一切。所以现在这一瞬间才珍贵。”

“面对各种状况，肯定会有身心俱疲的时候。但这是让你成为更伟大的自己的宝贵过程。”

“特别累的时候也可以哭。但不要自己哭，因为妈妈一直在你身边。”

孩子在学校经历了不开心的事情，一回到家就进入房间大喊大叫，父母跟他说话也干脆不搭理。这时，要给孩子充分的独自思考的时间，再给孩子讲我上面介绍的话就可以了。父母只要抛开急于求成的心态，就能让孩子的每一天变得美好。

如果孩子能自己发现并领悟到与昨天有什么不同，他迎接的明天将更加美好。因为这意味着一天比一天好。正是这些宝贵的每一天，塑造了孩子的自信心。我上面罗列的那些话有助于孩子创造出宝贵的一天，请家长好好地运用起来。

第六天

岁末年初时讲给孩子听，能让孩子快乐度过一年的话

为什么说岁末年初时给孩子讲好听的话很重要呢？这是因为一件事情怎么收尾，又怎么开始，对孩子的发育起到非常重要的作用，能给孩子带来完美收尾的喜悦和崭新开始的勇气。家长要把我下面介绍的话讲给孩子听，同时要一并传达自己的温暖心意：

“如果能把开头和结尾连成一体，我们就可以一直幸福。”

“下定决心开始做一件事情的勇气中藏着所有奇迹。”

“到了年末感觉怎么样？新的一年我们也要快乐地生活！”

“只要鼓起勇气，什么都可以实现。”

“今年记忆最深刻的事情是什么？让我们只记住美好的事情，

享受新的一年吧。”

“让我们一直以好的心态开始吧。不要让你的坏心情成为你对待生活的坏态度。”

“今年你付出的所有努力，明年都会变成好消息回馈你。”

“懂得完美收尾的人，才能重新开始一件了不起的事情。”

“没有必要对去年感到后悔，只要帅气地开始新的一年就行了。”

“新年最想做的事情是什么？我们会一直祈祷你梦想成真。”

“一步一步走下去的话，最终会到达梦想。”

“新的一年里，肯定会更上一层楼。”

语言产生的深远影响可不是用一句话能概括的。父母在适当的时候说出的话可以决定孩子的想法。久而久之，孩子就会具备看待世界的视角。岁末年初是生活中所有的事情都暂时结束，等待重新开始的时期，因此这一时刻更需要给孩子讲一些可以引发思考的语言。

“自己主动开始，自己主动总结。”

第七天

妈妈聚会上必须过滤掉的 15 种人

孩子开学后，妈妈为了获得各种信息，也能够增进彼此间的友谊，会组织聚会。

“如果觉得自己心里不舒坦，没必要非得去参加妈妈聚会。”

不管去哪里，自己心里舒坦才是重要的。只有这样，才能给家庭增添幸福。在进行亲子对话时，如果父母跟孩子分享在不愉快聚会上听到的信息和故事，很容易在不知不觉中给孩子带来负面影响。

如果在聚会上碰到以下这种人，最好远离。虽然都是为了孩子，但最重要的是父母的心情。

毫无顾忌地到处说别人家难处的人。

你跟他分担悲伤，他却将其当成你的弱点的人。

莫名地感觉第一印象不好的人。

急于套近乎的人。

随意评价不在场家庭的孩子的人。

总是强行分帮结派的人。

周边纷争和争吵不断的人。

因孩子成绩不好而无视孩子的人。

事事都要参与、干涉的人。

看人下菜碟、只和有价值的人分享信息的人。

一想就让人疲惫的人。

只知道获取信息，不管义务和责任的人。

老是提出强人所难的要求的人。

给所有人排好序列、打压别人的人。

喜欢挑拨离间、满口谎话的人。

虽然在聚会上可以获得很多信息，但真正重要的是拥有与孩子进行分享的时间。很多父母从来没有参加过聚会，但也把孩子培养得很优秀。所以只要是让自己感到有压力的聚会，就没有必要参加。

请记住，比起那些信息和友谊，父母维持好心情是最重要的。

“世界上最珍贵的信息

藏在孩子深情地

望着你的眼眸之中。”

第八天

被夸“孩子真稳重”时，回答“可是学习不好”会有何后果

为什么会这样呢？对方明明在称赞孩子，父母却硬要指出孩子不足的部分。这类对话在日常生活中非常常见。

“孩子真漂亮啊。怎么会这么漂亮呢？”

面对周围人的夸赞，父母却是这样回答的：

“漂亮什么啊！最近不学习，可愁死我了。就不能好好学习吗？这孩子！”

和孩子一起出门时，在超市或大街上偶然遇到熟人夸孩子，

很多父母都会以指出孩子缺点的方式进行回应。父母这样做，有可能是因为听到称赞感到不好意思，也有可能是想借此机会改正孩子的习惯和态度。父母的这种心情我当然可以理解，但是这种对话对孩子会产生非常不好的影响。孩子心里会想：

“父母为什么总是记着我不好的部分，还在别人面前公开说呢？父母是不爱我吗？如果真的爱我，不会只记住我的不好，让我在别人面前丢脸。”

孩子最终会变成这样的状态：

对父母的失望

↓

对自己的信任消失

↓

认为自己是无用的存在

↓

一辈子施展不了自己的才能

跟孩子说话时，如果周围有人，就要比平时更加注意措辞。试着把指责改成下面的表达方式，那么，孩子对父母的态度也会改变，孩子也能充满自信地生活。

“天哪，孩子真稳重。”

→“谢谢您能这么说。我看到孩子，心里也一直这么想。孩子能茁壮成长，真的很感恩。”

“孩子真漂亮啊。怎么会这么漂亮呢？”

→“谢谢您由衷的赞美。在我眼里也很漂亮呢，所以感到很幸福。”

父母只要有想把好的东西留给孩子的心，孩子就能在父母的语言中建立自信，无限成长。

父母对孩子的耐心是第一位的

如果父母和孩子对话不能保持平静的内心，他们也听不到孩子内心真正的想法。保持平静的内心，这并不是一件容易的事情。很多父母就算再怎么想保持平常心，和孩子在一起的时间一长，也容易前功尽弃。因为一天不知有多少事情需要父母操心。

“应该早点生孩子的。”

“早知道晚点结婚就好了。”

“虽然对不起孩子，但不应该生二胎的。”

“当时应该生二胎的。”

……

当各位家长被孩子的学习问题搞得焦头烂额时，很容易像这样胡思乱想。这时就更容易失去平常心。

“这样做对吗？”

“这真的是为了孩子吗？”

每当这样自我怀疑时，我们要牢记下面这个事实，自己治愈自己：

“我用爱度过的时光，绝对不会消逝。孩子可爱的双眸和那美丽的内心，都会记得。”

在孩子的人生中，重要的不是考试获得高分，而是树立目标后努力完成的经历。因为这些经历会让孩子不断挑战，对自己的人生感到自豪。分数很快会消失，但经历会长久地照亮孩子。

每天实践一个自己制订的计划，并努力完成的记忆是最珍贵的。我们要对自己说下面这些话：

“我做得已经够好了。不能被闲言碎语所动摇。”

“想哭的时候就尽情哭吧。想哭就哭才是我的人生。”

“不要太着急，要冷静地等待。因为所爱的人值得信任与等待。”

教育子女这件事没有正确答案。你带着爱意陪伴在孩子身边的时间，就是最美丽的正确答案。当父母具备了对孩子坚定不移的信任和不受动摇的平静心态时，孩子才能不失去自信心地学到最后。

第十天

9种方法让家庭教育不留遗憾，亲子不用为学习吵架

1. 父母最好放弃“我要改变孩子”的想法。

因为不是你在改变孩子，而是孩子自行在改变。当父母给孩子展示什么时，孩子会在心里想“哇，那个样子好帅啊”，那么孩子就会下决心学父母的样子。要记住，不是你改变他，而是他自行改变。

2.明明可以好好说话，却非要阴阳怪气地讽刺挖苦，这是不可取的。

有时，父母一天的心情会决定对待孩子的态度。父母也是人，情绪有波动很正常，但也要自觉地认识到和孩子在一起的所

有瞬间都很珍贵，应当给孩子说最动人的语言。

3.相信孩子。

“7 岁的孩子也能做到吗？”“孩子能理解吗？”之所以提出这些问题，是因为心里觉得“不可能”。如果你相信孩子，就会想“如果想将此方法用于 7 岁孩子，应该怎么做？”“如果想让我家孩子理解，需要什么方法呢？”只要去找，就一定有办法。

4.如果周围有一直跟你唱反调的人，请远离他们。

“还在上那个课外班吗？赶快换一个！”“你不知道现在的孩子都玩这个？你真是什么也不知道啊。”这些人对你的人生毫无帮助，只会制造纷争。

5.抱怨和不满会对孩子产生糟糕的影响。

“我的命就这样！”“我这种人还能奢求什么？”“也没有儿孙福，活着干什么？”是不是听着就让人沮丧、泄气？孩子听了会有何感想？这种话在心里也不要说。抱怨和不满是不能解决任何问题的。

6.不必对孩子提什么特别的要求，因为每个孩子在家里都是特别的存在。

重要的是，做事竭尽全力的态度。这个态度会让孩子成为自己人生的主人。不要总指使孩子做这做那，请让孩子自主地选择做某件事情，并负责到底，父母只要在旁边默默关注即可。

7.爱孩子意味着什么呢？答案是自由。

只有我们珍视孩子的自由，我们才有资格说爱孩子。强迫、指示和命令不是爱的语言。要经常让孩子自主地选择。与其说“这个比较好”“选那个吧”“一切都是为了你”等表达父母想法的话，不如说：“世界上有各种各样的东西，你是怎么想的？”

8.父母不应过分坚持己见，这对孩子发展学习头脑有好处。

因为想要让思考和理性找准位置，需要思索的时间。要弄清干涉和介入的区别。应该介入，但不应干涉。关键点就是：“先问孩子的意见，然后再说我的意见。”

9.请表达爱吧！

正是该学习的时候，孩子却没完没了地读漫画书、玩游戏，父母都快崩溃了，很想大发一通脾气，并大声责问：“现在别人家的小孩都在忙着学习，你看看你在干什么！”当然，偶尔这样指责，也是能理解的。但是比起那简单粗暴的样子，父母要更多地展示下面这种行为。那就是安静地走近孩子，紧紧地抱住他。当两颗心紧紧相贴，肯定会产生一种无法言说的奇妙感觉，孩子不可能感受不到。请经常对孩子表达比语言更浓烈的爱意吧。

第十一天

一位父亲的一句话，奇迹般地改变了孩子的一生

如果在孩子的成长过程中，父母对其进行融合了所有学习头脑对话法的教育，孩子会变成什么样？我来介绍一位代表性人物。

故事的主人公就是白衣天使——南丁格尔。提到“护士”“奉献”“白衣天使”等关键词时，相信大家第一个想到的人物就是南丁格尔。她不仅作为教育家、政治家，展现了自己的能力，而且作为统计学家，她更是做出了杰出成就。她于 1859 年入选英国皇家统计学会，成为该协会第一名女性成员，后来又被美国统计学会选为荣誉成员。

所有这些出色的能力都源于她小时候接受的来自父亲的教育。她从小学习拉丁语、英语、法语等，但像所有的普通孩子一

样，比起学习，她更喜欢玩。让她产一决定性变化的是“与父亲的对话”。

一天，小南丁格尔在路上看到一个衣衫褴褛的女子正在向别人乞讨食物。无法理解的她问父亲：“那个人为什么乞讨？”

南丁格尔的父亲回答道：“很遗憾，因为她太贫穷了。”

她再次问道：“怎样才能帮助那个人呢？”

父亲非常确信地回答道：“你得有可以帮到她的东西。通过学习，你可以拥有这些东西。”

就在那一刻，南丁格尔突然意识到：“原来世界上有这么多比我困难的人，我得帮助他们。”

后来，17岁的她在日记本上写下了这样一句话：“世界对我说，‘有大事在等着你’。”

接下来要讲第二个故事。南丁格尔之所以能成为白衣天使，当然具备丰富的医学知识，但产生更大影响的是数学实力。有人可能会问：“啊？不是说她不爱学习吗？她的数学实力是天生的吗？”

如前所述，南丁格尔取得的所有伟大成就都始于父亲的一句话。有一天，特别讨厌数学的小南丁格尔跟父亲进行了下面的对话：

“你一定要认真学习数学。”

“女孩子都不学数学，为什么我一定要学？”

父亲用冷静而坚决的声音回答：

“如果你只想当一个女人，你就不用学。但如果你心中有远大的梦想，那就另当别论了。”

她的人生可以分为和父亲对话之前及之后。小南丁格尔开始做以前没有做过的事情。她喜欢用数字整理信息。当南丁格尔一家人去欧洲旅行时，在没人要求南丁格尔的情况下，她主动地计算每天旅行的距离。她会仔细地记录出发时间和到达时间，在分析出行地的法律法规和土地管理体系的同时，对周边进行观察，并把结果都统计出来。

这所有的变化都始于和父亲的对话。如果当时她的父亲没有想到那句话，白白错过了启发她的良机，我们认识的南丁格尔可能就不存在了。父母的一句话竟产生了如此巨大的影响。

各位家长也完全可以做到。

“语言停留在父母嘴唇的时间，

再长也不会超过 10 秒，

但在孩子的心中能留存 10 年以上，

对孩子产生决定性的影响。

父母的语言就是孩子活下去的路。”